옥동 일기

옥동 일기

김홍섭 지음

한국학술정보

송철호 울산광역시장께서 주신 울산명예시민증

📝 옥동일기를 펼치며…

이 책의 제목을 '옥동일기'라고 정하였는데, 그 시점은 이 글을 처음 적기 시작할 때부터였다. 그 이유는 고용노동부 울산지청이 울산시 남구 옥동(玉洞)에 자리하고 있고, 관사도 사무실 인근에 있어 옥동을 중심으로 생활하였으며, 느낌이 가는 대로 일기 형식으로 글들을 엮어 왔기 때문이다.

옥동에 위치한 울산지청 청사는 30년이 넘는 역사를 가진 3층 건물로 조금은 왜소해 보인다. 그렇지만 이 청사에서 많은 직원들이 흘린 땀과 노력은 노동의 새로운 역사(노동인권 신장과 노동운동의 선진화 등)를 이끌어 오는 데 가장 핵심이 되는 요소였고 중추적인 역할도 하였음을 마음에서 지울 수 없다.

지금도 여전히 고용노동부 울산지청은 현장 노동 문제 해결의 중심 지역으로 인정받고 있다. 지난 세월의 아픔 속에서 우리는 많은 진전과 성과를 이루었고, 앞으로도 가야 할 길이 있다. 이렇듯 많은 이들의 고민의 흔적이 묻어 있는 노동 역사의 산실에서 근무를 시작하며, 하루하루를 기록하고 싶었다. 무슨 의미가 있을지는 몰랐지만, 울산에서만 가질 수 있는 시간의 기억들이 또 다른 가르침이 될 수 있다고 생각했기에 한 줄 한 줄 채웠다. 20년 4월 말부터 21년 4

월 중순까지 이어진 울산지청장으로서의 생활 기록으로 여러분을 초대해 본다.

글은 일기 형식으로 편하게 쓰였다. 특정한 이슈에 맞추어 논리적이고 체계적으로 구성된 것이 아니라, 그날그날의 일들 중에 의미를 담아보고 싶었던 내용들을 편하게 적었다. 일기 형태이지만 매일매일 적지는 못했고, 글을 쓰고 싶을 때 또는 글이 쓰일 때만 가끔씩 시간 내어 적었다. 그래서 두서없어 보일 수도 있겠다. 어떤 날은 사무실의 업무 이야기, 어떤 때는 지역 명소 견학 이야기, 어떤 글은 개인적 사연들이다. 그래도 모든 글에 나름의 작은 의미를 담고자 노력하였음을 인정해 주면 좋겠다.

울산 생활은 짧았던 1년의 시간이었지만 많은 것을 배우고 느낄 수 있는 기회였다. 이 책에서 글로 표현하지 못하였지만 머릿속에, 가슴속에 남겨진 추억과 기억들도 많다. 그것들마저 글로 기록되었으면 더 좋았을 것을, 그러지 못함이 아쉽기도 하다. 글이 가지는 한계 때문이라고 위안을 삼는다.

세상사에 있어 정해진 답이 있는 것은 없다. 그 답을 찾아 줄기차게 나아가다 보면 이르게 될 뿐이다. 특히나 서로의 이해관계가 첨예한 문제는 더 그렇다. 노사관계도, 산업안전의 문제도 그러하다고 믿는다. 그렇기에 우리에게 요구되는 것은 많은 지식이라기보다는 답을 찾아가는 지혜인지도 모른다. 그 지혜는 혼자만의 머릿속에서 나오는 것이 아니라 상호 간의 치열한 논의 속에서 찾아진다.

언제나 어려운 시기에 직면하여 풀리지 않는 문제를 해결하려고 노력하는 현장 노동자와 경영자에게 격려와 찬사를 보낸다. 오늘의 고민과 수고가 더 나은 내일을 위한 밑거름이 된다는 불변의 진리를 믿고 하루하루에 의미를 부여해 보자.

2021년 5월

서울 후암동 집에서…

목차

제1장

울산을
알아갑니다

2020.04.28. 〈울산으로〉

고용노동부 울산지청으로 근무를 왔다. 발령 일자는 5월 1일이지만 지역 현안을 일찍부터 챙겨주었으면 좋겠다는 부탁에 조금 일찍 현장으로 발걸음을 옮기게 되었다. 부산·울산·경남 지역을 묶어 부산권역에 포함되는데, 부산권역에 세 번째 근무하는 인연을 가지게 되었다. 2007년 부산노동청 관리과장, 2010년 부산고용센터장 근무에 이어 2020년 울산지청장으로 부임하였다.

아침 일찍 옷가지를 챙겨서 열차로 부산에 도착하여 부산청장과 점심을 하고 부산고용센터장과 커피 타임을 갖고 울산으로 이동하여 간부들과 상견례를 하고 간단히 업무를 보고받았다.

가장 큰 현안은 지역 사업장에서 발생하는 산업재해, 특히 사망사고(중대재해)를 예방하는 대응 방안을 마련하는 것이다. 산재 예방을 위해 산업안전보건법이 매우 엄격하게 개정되었고 관련 규정도 매우 세세하게 마련되어 집행되고 있지만, 산업 현장의 중대재해[1]는 여전히 잦다.[2] 엄격한 법제도 마련과 처벌, 강력한 지도 감독만으로 획기적인 재해 예방이 가능할까? 또 다른 새로운 재해 예방 방법이 없을까? 심오한 고민이 필요한 분야이다.

또한 지역 대규모 사업장의 노사관계를 안정적으로 지도해 가는 것이다. 특히, 올해는 코로나19로 인해 사업장의 애로가 더욱 많을 것으로 보인다. 경기침체로 겪게 될 노사관계의 변화, 고용안정을

---

1) 사망자가 1명 이상 발생한 재해이거나, 3월 이상의 요양을 필요로 하는 부상자가 동시에 2명 이상 발생한 재해이거나, 10명 이상의 직업성 질환이 동시에 발생한 재해.
2) 2019년 사망자 2,020명(사고 855명, 질병 1,165명), 고용노동부.

이루기 위한 협력 방안 등이 핵심 이슈로 부각될 것으로 전망된다.

울산에 내려온 첫 느낌은 좋다. 노사관계 중심 지역으로 자리매김한 지역으로 앞으로 적지 않은 현안들을 헤쳐 나가야 할 듯하다. 울산지청의 직원들과도 다시 만난 느낌으로 같이 어울리며 동지애를 발휘해야겠다.

2020.04.29. 〈옥동에서〉

이틀째 관사에서 아침에 눈을 떴다. 안방 창으로 보이는 경치는 푸르름이 넘치는 공원이었다. 여기가 바로 울산대공원이다. 이는 울산광역시 남구에 위치하고 있는데, 국내 최대 규모의 도심공원이라 한다. 울산에서 석유화학 공장을 오랫동안 운영해 온 SK그룹이 지역에 대한 사회공헌 차원에서 1996년에서 2005년까지 약 10년간 1,050억을 투자해 조성한 공원으로 울산시에 기부채납 하였다. 그 규모는 369만 평에 이른다고 한다. 시민들의 산책로이자 휴식처가 되었다.

이르지 않은 아침에 일어나 눈에 펼쳐진 광경에 새로움을 느꼈다. 출근 준비를 마치고 걸어서 사무실에 출근하였다.

점심은 구내식당에서 직원들과 같이 가볍게 식사를 했다. 공식 발령이 나지 않아 직원들과는 대면을 자제하여 왔는데 구내식당에서 자연스럽게 조우하게 되었다. 부산지역에서 예전에 같이 근무하던 직원들도 몇 명 볼 수 있었다. 반갑게 인사를 나누었는데, 10년이 지났건만 예전 그대로의 모습으로 다가왔다. 세월이 흐르다 오랜만에 만나게 되면 상대는 변한 게 없어 보이고 자신만 늙어간다고 생각하는 것이 인지상정일까? 누군가를 다시 만난다는 건 참 반가운 일이다. 그 시간이 길면 길수록 더 그렇다.

근무하는 사무실 주위는 모두 아파트다. 그러다 보니 참 조용하다. 그리고 깨끗하다. 여기는 옛 지명이 '옥동(玉洞)'이라고 하는데, 그 유래는 신라 시대에 뒷산에서 구슬이 나왔다 하여 옥현(玉峴)이라고 불리었다고 한다. 지금은 울산에서 중심 지역이 되었다.

차근차근 주위를 알아가면서 생활에 적응이 되겠지? 천천히 기다리자. 급할 게 없지 않은가?

2020.04.30. 〈휴일에 대왕암〉

오늘은 석가탄신일. 공휴일이다.

관사에서 아침을 맞이했는데 전화벨이 울렸다. 울산에 살고 있는 친한 동생으로부터 전화가 왔다. 울산에 오셨으니 울산을 알아야 한다면서 외출 준비를 하고 나오라는 것이었다. 그래서 따라나선 곳이 바로 대왕암이다.

울산 동구의 바닷가에 위치한 대왕암. 죽어서도 호국의 대룡이 되겠다고 한 문무왕을 따라 문무왕비도 죽어서 호국의 대룡이 되어 내려앉은 곳, 이곳이 바로 대왕암이다.

맑은 봄날, 바닷가에 서니 사방이 활짝 열려 있었다. 푸른 바다 저 끝까지 닿을 듯한 시선이 가슴을 파고들었다. 오랜만에 바라보는 동해의 광경이었다. 저 멀리 현대중공업의 공장이 보였다. 바다는 더없이 맑고 푸르러 동해의 진가를 보여주는 듯했다.

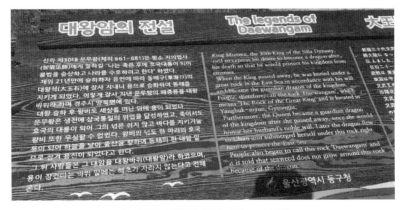

대왕암의 전설이 적혀 있는 표지판

대왕암을 찾은 그날, 바닷바람은 너무나 매서웠다. 대왕암으로 가는 길에 놓여 있는 다리 위에서 이러다가 바람에 날아갈 수도 있겠다는 걱정도 하게 되었다. 휴일을 맞아 대왕암을 찾은 주민들이 매

대왕암 가는 다리

대왕암으로 가는 길에 위치한 바위들

우 많다. 코로나 감염 예방을 위해 모두가 조심하면서 두문불출하는 요즘, 바다의 기운이 코로나를 이겨주었으면 좋겠다는 바람이 들었다. 대왕암에 내려앉은 문무왕비의 영험함이 되살아났으면 좋겠다.

대왕암 가늘 길에 서 있는 바위들

대왕암에서 동생과 함께

그날 저녁 시간에 예전의 친구들을 오랜만에 만났다. 공공기관 지방 이전과 정부청사의 세종 이전 등으로 인해 서로 멀리서 지내오다가 울산에서 다시 뭉쳤다. 울산에 내려오게 되어 옛 친구와 동생을 만날 수 있다는 것이 작은 위안도 되었다.

지난 그리움이 짙어져서, 오랜만에 만난 반가움에 그날 저녁 술자리가 깊어졌다. 울산의 소주 맛도 한결 좋았다. 바다 향기를 듬뿍 맡으며 마신 술이라 취기도 덜하였다. 그래저래 친구들과 깊은 밤을 함께 보내니 외로움도 달래지는 듯했다.

앞으로 계속 생활하게 될 울산지역에 가까운 친구가 있다고 생각하니 든든한 마음도 들었다. 이렇게 울산의 광경을 보고, 지인들을 만나면서 울산을 조금씩 조금씩 알게 되리라. 울산의 생활에 익숙해지리라.

사진 속의 동생아, 고맙다. 대왕암 구경시켜 줘서, 그리고 그날 저녁 옛 친구들과 저녁 시간을 함께해 줘서, 앞으로 자주 보자꾸나.

2020.05.01. 〈근로자의날, 삼양사 방문〉

　오늘은 근로자의날이다. 노동절(May Day)이라고도 한다. "근로자의날 제정에 관한 법률"에 따라 근로기준법에 따른 유급휴일이다.

　이날의 의미는 무엇일까? 매년 맞이하는 오늘이지만 고용노동 업무를 해온 지 24년이 지난 시점에서 다시 한번 되새겨 본다.

　대한민국 산업화를 통한 경제발전은 눈부시게 진행되어 왔다. 전세계가 칭송할 만큼 이룩해 온 업적이다. 한강의 기적이라고 표현하기도 한다. 이제는 세계의 경제 강국이 되었다.

　이러한 발전에는 수많은 근로자들의 노고와 희생이 있었다. 열악한 근로 여건 속에서 땀 흘리며 묵묵히 소임을 다해 온 노동자들이 있었기에 오늘의 풍요와 번영이 있는 것이다. 소리 없이 국가 경제발전을 위해 헌신해 온 근로자분들에게 감사의 뜻을 전하는 날이 되었으면 좋겠다.

　또한, 향후에는 근로자들이 더 안전하고 더 좋은 근로 여건 속에서 열심히 일할 수 있는 환경을 조성해 가는 다짐의 날이 되길 바란다. 여전히 산업현장에서 열악한 근로 여건 속에서 분투하고 계시는 근로자분들이 많이 있음을 잊어서는 안 된다. 근로자들에게 필요한 건 안전한 근로환경, 안정된 일자리, 풍요로운 복지이다.

　요즘 코로나19 바이러스로 전 분야가 어려움에 처해 있다. 경제위기와 고용위기가 우리를 엄습해 오고 있다. 이 위기 상황도 산업현장의 노사가 힘을 모아 협력한다면 무난히 극복할 수 있을 것이라 확신한다. 무엇보다 지금은 노사상생의 자세가 더욱 필요한 때이다.

근로자의날로 휴일이지만 공무원들은 오늘도 정상 출근을 하였다. 그리고 고용노동부 울산지청장으로 공식 임무가 시작되는 첫날이기도 하다. 아침에 출근하여 직원들과 환담을 하면서 오늘 일정에 대해 논의했다. 근로자의날로 지정된 공휴일이지만 쉬지 못하고 오늘도 출근하여 일하는 근로자들이 있을 것이라 판단하고 사업장의 근로자 격려 방문을 하자고 제안했다. 고용노동부 울산지청장으로 공식 업무를 시작하는 첫 행사로 의미를 담아보고 싶다고도 하였다. 고용노동부는 근로자 권익을 증진하는 소임을 맡은 부처이기에 더욱 필요하다고 느꼈다.

그렇게 해서 찾은 기업이 삼양사 제2공장이었다. 삼양사는 울산에 2개의 공장이 현재 가동되고 있고, 현재 새로운 공장을 증설하고 있으며 3공장이 2020년 말쯤에 완공된다고 한다. 설탕 등을 제조하는 공장으로 제2공장에는 근로자가 130여 명이 근무하고 있었다. 24시간 공장을 가동하기에 교대제로 근무하는 체계로 운영하고 있어 현장에 실제로 있는 근로자는 50여 명에 불과하다고 하였다. 오후에 시간을 약속하고 사업장을 찾았다. 격려를 위한 자리이기에 소소하지만 피로 회복제인 박카스 150병을 준비하여 가지고 갔다. 미약하지만 근무로 인한 피로를 회복할 수 있으면 좋겠다는 의미를 담았다.

회사는 갑작스러운 방문이지만 반갑게 맞아주었고, 근로자의날에 격려하기 위해 방문해 주어 감사하다고 말하였다. 휴일에 근무하는 노고에 감사를 전하고 회사 관계자들로부터 코로나19 대응 상황을 경청하고 경영에 애로는 없는지 여쭈었다. 특히, 오늘은 근로자의날이기에 그 의미를 되새기자고 하였다. 근로자들에게 제일 중요한 것은 안정되게 일할 수 있는 직장이 있는 것이기에 고용안정에 각별히 노력해 달라고 부탁하였다.

　부임 이후 울산에서 첫 방문한 삼양사 울산공장은 울산이 특정공업지구로 선정(1962년 석유공업단지, 경제개발계획의 시작점이 되었음)되기 이전에 최초로 설립된 공장이다. 1955년 12월 1일 50톤 규모의 설탕을 생산하는 공장으로 설립되었고, 울산 남구 매암동 360번지에 위치하고 있다. 부임 후 첫 방문 사업장이면서 근로자의날을 맞아 근로자를 격려하기 위해 방문한 사업장이 울산에 최초로 설립된 공장이라 하여 더욱 의미가 깊었다.

삼양사 울산공장 <네이버 지식백과>

<위치> 울산광역시 남구 장생포로 285(매암동 360), 매암로 115(매암동 360-25)

<변천> 1955년 12월 1일 50톤 규모의 설탕을 생산하는 공장으로 완공

1976년 12월에 양이온 교환 수지 후처리 공장 완공

1985년 6월과 1986년 6월에 각각 연간 80만 리터의 생산능력을 갖춘 음이온 교환 수지 공장과 음이온 교환 수지 중합 공장 완공

1984년 12월 배합사료 공장 준공 → 2012년 배합사료 공장을 매각, 배합사료 사업 철수

<현황> 제1공장은 설탕과 이온 수지 생산

제2공장은 전분 생산

<의의 및 평가> 울산이 특정공업지구로 선정되기 이전에 중화학 공장으로 울산에 최초로 설립된 현대식 공장

2020.05.04. 〈서울역에서 첫열차 타고〉

주말을 쉬고 월요일 아침이다. 새벽 첫 열차(서울역 출발 05:15)에 몸을 싣고 울산으로 다시 내려왔다. 2시간 10여 분 걸려 07시 27분에 울산역에 도착하였다. 시내로 가는 버스편을 보니 1703번 버스가 전역을 출발하였다는 안내판 표시가 있었고, 07시 40분쯤 그 버스를 탈 수 있었다. 월요일 아침 이른 새벽에 울산으로 내려오는 객지 근무자들이 조금 있었다. 20여 분의 버스 운행 후 옥동초등학교역에서 내려 사무실에 도착하니 8시 즈음이었다. 리무진 버스 5004번은 08시 5분에 울산역에서 출발한다고 버스 차량 안내판에 표시되어 있어 너무 오랜 시간 기다려야 했다. 월요일 아침 서울에서 울산까지 출근하는 여정이 시작된 것이다.

연휴가 이어지는 기간이라 출근길은 한산했다. 5월은 기념일이 매우 많다. 5월 1일은 근로자의날, 5월 5일은 어린이날, 5월 8일은 어버이날, 5월 15일은 스승의날, 5월 18일은 성년의날, 5월 21일은 부부의날이 있다. 가정의 달이라 할 만하다. 이런 기념일을 맞이하여 근로자, 어린이, 어버이, 스승, 성년이 되는 자녀, 부부 모두가 더 행복해진다면 만사형통이리라.

2020.05.06. 〈현대중공업 방문〉

오늘은 연휴가 끝나고 새롭게 일이 시작되는 날이다. 울산지청장으로 5월 1일 발령을 받고 연휴기간임을 고려하여 직원들과 첫인사를 늦추어 왔는데 이제야 늦깎이 상견례를 하였다. 각 부서를 다니면서 직원들 이름을 한 분 한 분 불러보고 업무와 생활에 대해 간단한 대화를 나누었다. 환영해 주는 직원들에게 감사한 마음을 전하고 앞으로 업무나 생활에 있어 다 함께 지혜와 힘을 모아 가자고 부탁하였다. 특히, 요즘 코로나19로 인한 경제위기, 고용위기 상황에서 고용노동부에 주어진 임무를 무겁게 받아들이면서 사업체의 고용유지 지원, 근로자 돌봄 휴가 지원, 위기 극복을 위한 상생의 노사관계 선언과 확립 등에 최선을 다해 보자고 부탁하였다.

그리고 현대중공업 사업장을 방문하여 노조 지부장과 회사 사장을 만나 현안에 대해 논의하였다. 첫 사업장 방문으로 현대중공업을 선정한 것은 시급한 현안('19년 임금협상, 최근 잦은 중대재해에 대한 대책 등)이 놓여 있기 때문이다.

'19년 임금협상은 '20년 5월인 현재까지 마무리를 짓지 못하고 있다. 이는 임금인상에 대한 노사 이견이 있기보다는 '19년 진행된 회사의 물적분할 관련 노사갈등 상황에서 발생된 폭력 사건을 두고 이를 처리하는 과정에 있어 노사 간 이견이 지속되고 있기 때문이다. 폭력 행사에 대한 노조 및 노조원의 책임을 부과하는 원칙을 확립하면서 회사 차원에서 대승적 결정을 할 수 있는 방안을 찾아가는 것도 하나의 방법이 될 수 있음을 논의하였다.

최근 잦은 중대재해(금년에 4월까지 벌써 중대재해가 3건 발생)에 대해서도 보다 적극적으로 나서 줄 것을 부탁하였다. 재해 발생의 원인은 여러 가지 측면에서 진단할 수 있을 것이나, 중대재해 발생 이후 회사에 부과되는 책임을 피할 수 없으므로 전사적인 재해 예방 대책을 수립하여 의지를 가지고 추진해 줄 것을 부탁하였다. 중대재해는 근로자와 유족에게 씻을 수 없는 아픔을 주는 것이고, 동료 직원들에게는 불안과 재해자에 대한 애석함을 안겨주는 것이며, 회사에도 경영에 큰 상처를 남기는 일이므로 재발 방지를 위한 노력이 절실함을 얘기하였다. 회사에서도 중대재해 예방을 위해 다양한 조치를 하고 있고 많은 관심과 노력을 기울이고 있지만 잦은 중대재해는 회사의 안전조치에 부족함이 있다는 것을 보여 주므로 그간의 조치와 노력을 다시 한번 점검해 보고 부족하거나 느슨한 부분이 있다면 확실하게 바로잡아 주어야 함을 재차 강조하였다.

이날 저녁에는 산업안전보건공단에서 위탁하여 울산대학교에서 마련한 "안전보건 최고경영자과정 2기" 개강식에 초대되었다. 지역 사업장의 안전관리담당자들이 많이 참여하고 있어 지역 산업안전보건을 논의할 수 있는 좋은 자리였다. 지역 산업안전보건 수준 제고를 위해 지역 대학과 산업현장이 협력을 강화하는 자리라는 의미도 부여할 수 있었다. 이 개강식에 참여하여 관계자들에게 축사 겸 부탁의 인사를 하게 되었는데, 그 내용을 아래에 적어 본다.

안전보건 최고경영자과정 2기 개강식
<울산대학교 - 한국산업안전보건공단, 5.6. 저녁>

산업도시 울산에 부임하여 오늘 의미 있는 자리에 같이하게 되어 영광스럽게 생각합니다. 코로나19를 슬기롭게 극복해 가는 과정에 우리에게는 경제위기와 고용위기라는 또 다른 시련이 다가와 있습니다. 이 위기도 우리가 잘 이겨내야 하는 새로운 출발선에 서 있는 느낌입니다. 모두 지혜를 모았으면 하는 바람입니다.

국가 업무를 담당하고 있는 사람으로서 대한민국 발전과 국민의 행복을 위해 무엇이 중요한가를 항시 고민해 보고 있습니다. 제가 생각하는 것은 3가지입니다.

첫째는 안보(安保)입니다. 국가 안위가 무엇보다 중요합니다.

둘째는 안전(安全)입니다. 교통안전, 산업보건안전, 환경안전 등이 요구됩니다. 특히, 산업안전보건은 산업현장에서 반드시 담보되어야 할 부분입니다. 저는 그 일에 역할을 해야 하는 책무를 가지고 있습니다. 많은 법령과 규제가 있고, 공무원 등이 지도감독을 열심히 하고 있지만 여전히 산업재해는 발생하고 있습니다. 산업안전보건은 한 사람의 힘으로 얻을 수 있는 게 아니라 모두의 관심과 노력이 필요한 영역입니다.

셋째는 안정(安定)입니다. 경제안정, 고용안정, 가정안정 등이 과제입니다. 경제가 안정되고 지속적으로 성장해야 고용안정도 이루어집니다. 이러한 일자리 안정이 가정의 안정과 행복으로 이어집니다. 모든 분야가 코로나19 여파로 경제적 시름을 앓고 있습니다. 경제위기와 고용위기라는 터널을 우리는 뚫고 가야 합니다. 고용노동부는 지금의 고용위기를 극복하기 위해 고용유지 지원 등에 적극 노력할 것입니다.

오늘 개강식을 하는 '안전보건 최고경영자과정'은 산업안전보건을 위한 집단지성을 모아가는 매우 뜻깊은 무대라고 생각합니다. 이 과정에 함께 참여해 주신 교육생 여러분은 매우 탁월한 선택을 하셨다고 봅니다. 아무쪼록 오늘의 개강식과 최고경영자과정에 참여하시는 여러분께 축하의 말씀을 드립니다.

감사합니다.

2020.05.08. 〈금요일 늦은시간 서울로〉

　금요일이다. 객지 생활을 하는 직장인에게 기다려지는 날이다. 집으로, 가족에게로 돌아가는 날이기 때문이다. 오전 근무를 마치고, 점심은 구내식당에서 해결하고, 유연근무제를 활용하여 일찍 업무를 마무리하고 서울로 가는 길에 올랐다. 울산역으로 가는 리무진을 타기 위해 급히 울산고용노동지청 근처 옥동초등학교 버스정류장으로 발걸음을 옮겼다.

　울산역으로 가는 차편이 많지 않아 불편하다. 버스가 두 편(1703번, 5004번)이 있는데 운행이 뜸하다. 아직 운행 시간을 정확히 알지 못하고 익숙하지 않아서 그럴 수도 있다. 버스에 올라 다가오는 열차 시간표를 보면서 마음을 조아렸다. 다행히 열차 시간에 늦지 않게 도착하여 서울로 향하는 열차에 탑승할 수 있었다.

　주중 5일의 근무일을 보내고 서울로 올라오는 생활, 차츰 익숙해질 것이다. 가족과 떨어져 지내는 생활을 객지 생활이라 한다. 집에서 출퇴근을 할 수 있다면 최상이다. 그것도 30분 남짓 소요되는 출퇴근길이라면 가장 이상적이다. 열차를 이용해 보면 금요일 오후부터 저녁까지 가장 붐빈다. 열차표가 없어 발을 구를 때도 있다. 이런 교통 상황을 보면 객지 생활을 하는 직장인들이 꽤 많음을 짐작할 수 있다.

　정부에서 공공기관 지방 이전과 세종이라는 행정중심복합도시를 조성한 이후 부쩍 이런 현상이 빈번해졌다. 객지 근무자들은 주된 생활 근거지를 수도권에 남겨두고, 직장 근무를 위해 불가피하게 주말 이동 대열에 합류하는 것이다. 이로 인한 이동 시간 등 사회적 비용도 엄청나다. 이런 사회적 비용을 줄일 수 있는 좋은 방법은 없을까? 직장인들의 근무 만족도와 업무 효율성이 객지 생활로 인해 훼손되는 일이 최소화되길 바래본다.

2020.05.11. 〈울산에 만발한 장미〉

또 다른 한 주가 시작되는 월요일이다. 오늘도 새벽에 일어나 부산행 첫 열차(05시 15분 서울역 출발)를 타고 울산에 내려왔다. 사무실로 오는 길에 조성된 울타리 너머로 피어 있는 장미꽃이 선명히 가슴에 다가왔다. 빨간 자태를 뽐내며 고개를 내미는 모습이 나를 반겨주는 듯하다. 이른 아침 출근하는 발길에 작은 위안을 안겨준다.

빨간 장미는 불타는 사랑을 뜻한다고 했던가? 장미라는 단어 속에서 가장 먼저 떠오르는 건 사랑이다. 예나 지금이나 사랑을 표현하는 상징이 되어 왔다. 장미꽃 한 송이를 건네주고픈 그녀가 모두에게 있었을 것이다.

울산에 부임해서 사무실 주위, 관사 근처, 울산대공원 울타리 등을 둘러보니 가는 곳마다 장미꽃이 만발하고 있다. 유독 장미꽃만 보인다. 장미는 다양한 색을 가지고 있는데 울산은 모두가 짙은 빨간색이다. 울산의 강한 열정을 보여주는 듯하기도 하다. 왜 그럼 빨간 장미가 주위를 장식하고 있을까? 그 이유를 찾아 여기저기 의견을 들어보니, 울산시의 시화(市花)가 장미라는 것을 알게 되었다.

5월은 장미의 계절이다. 장미축제도 5월에 집중적으로 개최된다. 사무실 바로 인근에 위치한 울산대공원(장미원이 별도로 조성되어 있음)도 5월이면 장미축제가 개최된다고 하는데, 이번에는 개최 여부가 불투명하다니 아쉬움이 진해진다.

장미야, 장미야, 붉은 장미야…
오직 이쁜 네 자태만 보이고, 네 속삭임만 들리고,
너의 향기만 가득하구나

울산대공원에 핀 장미들

2020.05.15. 〈경상일보 인터뷰〉

　　울산지역 신문사인 경상일보에서 인터뷰를 하자는 제안이 있었다. 고용노동부 울산지청장으로 부임한 소감과, 근로자 고용유지 지원정책, 산업현장의 중대재해 예방 방안 등 지역 현안을 중심으로 작성한 내용을 아래에 기술해 본다.

　　실제로 5월 18일 신문에 게재되었는데, 그 내용은 핵심 위주로 축약되었다.

　　〈인터뷰〉 "코로나 시국, 울산 경제·고용위기 극복에 집중"
　　(김홍섭 신임 고용노동부 울산지청장)

　　질문1〉 울산은 우리나라 최대의 산업도시이자 노동자의 도시다. 지역의 고용노동 문제를 총괄하는 고용노동부 울산지청장으로 5.1.에 부임하여 부담도 크실 텐데 그 소감은?

　　- 울산지역에 계시는 노동자 및 경영자 여러분을 뵙게 되어 기쁩니다. 또한, 코로나19 등으로 인한 경제위기, 고용위기 상황에서 지역 고용노동 문제 해결에 같이 노력할 수 있게 되어 영광스럽게 생각합니다.

　　- 말씀처럼 울산은 국가 경제의 중추이고 노동운동의 핵심 지역입니다. 즉, 산업도시이면서 동시에 노동자의 도시입니다. 자동차, 조선, 석유화학 등 국가 주력산업이 있어 그 중요성이 더 강조됩니다.

　　- 저는 고용노동부 울산지청장으로 부임한 이후 노동조합, 경

영단체, 울산시, 유관기관 관계자를 만나 다양한 지역 현안들에 대해 의견을 듣고 해결 방안을 모색해 가고 있습니다. 현재 시점에서 무엇보다 중요한 것은 근로자의 고용안정을 확보하고 지역 경제도 활성화되도록 하는 것이라 생각합니다. 적극 노력하여 큰 성과가 창출되도록 저의 역량을 집중하겠습니다.

질문2> 코로나19로 인해 울산도 자동차/조선/석유화학 등 전업송별로 전례 없는 위기를 맞고 있다. 실업자들도 크게 늘고 있는데 이들 기업체들과 노동자(근로자)를 위한 지원 방안은?
- 최근 발표되는 지역의 경제지표와 고용동향을 보면서 모두

의 걱정과 시름이 깊어지고 있습니다. 특히 5월 제조업의 경기전망지수가 전월에 비해 큰 폭으로 떨어졌고, 자동차 부문은 글로벌 산업침체에 따른 수출 급감으로 판매량이 절반 가까이 줄어들었습니다. 조선업은 세계 발주량 감소로 1분기 수주량이 전년 대비 80% 이상 감소하였으며, 석유화학 업종은 국제유가 하락, 정유제품 소비 감소로 1분기에 대규모 적자가 발생하였습니다.

- 주력 업종의 경기침체로 울산지역 4월 고용률은 62.0%로 전년 동월 대비 1.5%p 하락하고, 취업자 수도 1만 7천 명이나 감소하였습니다. 고용노동지청에 실업급여를 신청한 실업자는 금년 4월까지 10%가량 증가하였고, 휴직자 규모도 높아지고 있습니다. 더 걱정스러운 것은 경기침체로 인한 고용불안이 향후 더 악화될 것이라는 전망입니다.

- 울산고용노동지청은 울산시와 협력하여 사업장의 고용유지에 최우선적으로 지원할 것입니다. 경영상 어려움에도 불구하고 휴업, 휴직, 근로시간단축 등을 통해 고용유지를 추진하는 기업에 대해 고용유지 비용의 90%를 지원합니다. 5월 현재까지 고용유지 지원을 신청한 기업은 2천 개가 넘어 상당수 기업들이 이에 동참하고 있습니다.

- 또한, 학교 개학이 연기되면서 가족돌봄휴가를 사용하는 근로자에게 1일 5만 원씩, 최대 10일까지 가족돌봄비용을 지원합니다. 5월 현재까지 4천6백 건 이상이 신청되었습니다. 아울러, 고용보험 사각지대에 있는 특수고용형태종사자, 프리랜서, 자영업자 등에 대한 지역고용특별지원사업을 통해 월 50만 원씩 2개월간 지원 중입니다.

- 정부는 4.22.에 10조 원 규모의 코로나19 위기대응을 위한 "고용안정 특별대책"을 발표하였습니다. 대리운전기사·학습지 방문강사·영세 자영업자·무급휴직자 등을 위한 긴급고용안정 지원금(93만 명 목표, 1.5조 원), 비대면·디지털 정부일자리(55만 명, 3.6조 원), 실직자·휴폐업자영업자 등을 위한 공공일자리(30만 명, 1.5조 원), 청년구직활동지원금 등이 주요 내용이고 조속한 시행을 준비하고 있습니다.
- 고용유지 지원금 등이 현장에서 잘 전달되도록 노력하겠습니다. 궁금하신 사항은 고용노동지청 고용센터로 연락 주시기 바랍니다.

질문3> 울산 동구 지역에 고용복지플러스센터를 추가적으로 설립해야 한다는 목소리가 있는데?
- 울산은 주민 수가 115만 명에 이르는 광역시임에도 불구하고 현재 울산에는 1개의 고용복지플러스센터만을 운영하고 있습니다. 이에 주민 접근성 제고 등을 위해 추가적인 고용복지플러스센터 설립을 요구하고 있는 것으로 알고 있습니다.
- 고용노동부에서는 전국적으로 고용복지 연계를 통한 수요자 맞춤형 서비스 제공, 국민 편의 및 행정효율 제고를 위하여 고용복지플러스센터를 운영 중입니다. 최근 법이 제정된 국민취업지원제도 도입과 연계하여 누구나 가까운 곳에서 편리하게 이용 가능토록 고용센터 추가 설치도 추진하고 있는데, 그 기준은 대중교통을 이용한 접근성, 인구수 등입니다.

- 현재 추가적인 고용센터 설립 기준에는 울산지역이 다소 미흡한 부분이 있지만, 그 가능성 여부를 지속적으로 검토해 보도록 하겠습니다.

질문4> 울산은 조선 업종을 중심으로 산재사망사고 등 중대재해사고가 끊이지 않고 있다. 최근 몇 년 새 줄어들다가 지난해부터 다시 증가하고 있는데, 산업현장에서의 중대재해를 줄일 수 있는 획기적인 대책은 없는가.

- 산업현장에서 발생되는 재해는 최소화되어야 합니다. 특히, 사망사고 등 중대재해는 절대 간과할 수 없는 사안입니다. 사업주는 근로자들이 안전하게 일할 수 있도록 안전시설을 철저히 확충해야 하고, 수립된 안전작업계획이 현장에서 잘 이행되도록 관리·감독하여야 합니다. 이 과정에서 법 위반이 발생한다면 엄중하게 처벌하겠습니다.

- 최근 조선 업종 작업장, 중소 규모 건설 현장 등에서 중대재해가 빈번히 발생하고 있어 울산고용노동지청은 사업장 감독을 강화하고 있습니다. 중대재해가 발생한 사업장은 확실한 재해예방조치가 이루어질 때까지 작업중지명령을 해제하지 않겠습니다.

- 작업장의 안전 확보를 위해 무엇보다 중요한 것은 안전에 대한 경각심을 잃지 않고 경영자와 근로자가 모두 긴장감을 가져야 한다는 것입니다. 안전에 대한 시설 투자는 근로자의 생명을 지키는 가장 기본적 사안입니다. 법령 등에서 정한 안전시설을 꼭 지켜주시기 바랍니다.

- 개정된 산업안전보건법에 따르면 작업장의 근로자 안전을

위해 원청 사업주의 안전 책임을 강화하였습니다. 건설 현장, 조선 업종 등의 작업공정에서 하도급을 많이 활용하고 있는데, 원청이 책임지고 모든 근로자의 안전대책을 강구해야 합니다.

질문5> 마지막으로 울산의 기업체 관계자, 노동자, 시민들에게 당부하고 싶은 말은?
- 지금 우리는 미증유의 경제위기, 고용위기에 직면하고 있습니다. 코로나19로 인해 세계 경제가 침체되면서 우리의 일자리도 불안감이 높아지고 있습니다. 노동자에게 가장 중요한 것은 안정된 일자리이고, 경영자에게 절실한 것은 경제 안정입니다. 일자리 안정과 경제 안정은 동전의 앞뒷면과 같습니다. 함께 가야 하는 것입니다.
- 직면한 위기 극복을 위해서 가장 시급한 것은 산업현장에서 노동자와 사용자가 상호 협력하는 것입니다. 특히, 울산은 국가 경제 산업의 중추이고 노동운동의 핵심 지역으로서 타 지역에 비해 모범이 되었으면 좋겠습니다. 정부의 고용유지지원, 경영안정 지원 등을 적극 활용하여 노사가 모두 하루빨리 행복해질 수 있도록 지혜를 모아주시면 감사하겠습니다. 고용노동부 울산지청도 지역 현안 해결에 앞장서 일하겠습니다. 감사합니다.

2020.05.18. 〈울산에서 주말을〉

　월요일 아침, 비가 내린다. 주말을 울산에서 보내고 출근을 하였다. 이틀간 집 안 정리도 하고, 손빨래도 해보았다. 끼니를 위해 요리도 직접 하였다. 볶음 김치를 해보았는데 솜씨가 잘 나오지는 않았다. 그래도 내 생활에 큰 변화가 시작되었다. 가사를 직접 해야 하는 객지 생활이 본격화되었다.

　오늘 아침에도 장관 주재 "고용노동 위기대응 TF 대책회의"가 장관 이하 본부 간부들과 지방관서장들이 참석한 가운데 진행되었다. 전국 지방고용노동청에서 지역 현안과 상황을 보고하고, '코로나19 위기 대응을 위한 고용안정 특별대책'의 준비 사항을 논의하였다. 가장 핵심적인 사항은 현재의 경제위기, 고용위기 상황에서 근로자 고용유지를 최우선적으로 추진하면서 이를 위한 노사 간 협력도 강화되어야 한다는 것이다. 또한, 이천 폭발 화재사건을 계기로 전 지역에서 화재·폭발 사고가 발생되지 않도록 적극적으로 지도하고 감독해야 한다는 내용이었다.

2020.05.20. 〈SK이노베이션 – 공동근로복지기금〉

코로나19로 인한 경제위기, 고용위기가 전국적으로 다가왔다. 이처럼 모두가 힘들고 어려운 상황에 직면해 있다 하더라도 이 시대를 살아가는 우리가 지키고 간직해야 할 시대정신(한 시대의 사회에 널리 퍼져 그 시대를 지배하거나 특정 짓는 정신)은 여전히 중요하다.

다양한 논의가 있을 수 있지만 경제적 위기 상황에서 국민들에게 가장 직접적으로 심각하게 다가오는 문제는 일자리 문제이다. 그러므로 고용노동과 관련된 시대정신이 가장 그 중요성을 가진다고 하겠다. 그렇다면, 고용노동 문제에 있어 지금의 시대가 요구하는 사항은 무엇일까?

오늘 울산에 위치한 SK이노베이션이라는 회사의 행사에 초청받아 방문할 기회를 가졌다. 이 회사는 협력회사 근로자의 복지증진을 위해 원청 기업과 정부, 협력회사가 함께 조성한 공동근로복지기금[3]의 집행 행사[4]를 개최하였다. 그 내용이 매우 모범적인 사례로 다가왔다. 이러한 행사를 하게 된 경위, 그간의 진행 상황 등에 대해 노사와 의견을 나누면서 이 시기의 고용노동 문제의 시대정신을 다시 생각하게 되었다. 그리고 그런 생각들을 행사 참석자들에게 언급하며 공유하였는데 그 내용을 간단히 정리해 보고자 한다.

---

3) SK는 협력사와 공동근로복지기금을 설립하기로 노사합의('19년 7월), 공동근로복지기금 발족식('20년 1월), 15.16억 원의 기금 조성(원청 출연 6.48억, 정부 지원 6.48억, 협력사 출연 1.1억, 협력사 출연분에 대한 정부 지원 1.1억).
4) 5월 가정愛 달! SK협력사 행복 더하기(+), 공동근로복지기금에서 협력사 직원(2,183명) 대상으로 1인당 10만 원씩의 온누리상품권 지급.

먼저 SK이노베이션이 추진하고 있는 추가적인 사례도 살펴보자. SK이노베이션은 원청과 협력업체의 상생 발전과 근로자 복지 증진을 위해 다양한 노력들을 해 오고 있다. 노사가 뜻을 모아 연대의 정신을 발휘하면서 모범적 사례들을 도모하고 있다. '19년에는 원청 근로자들이 월급의 1%를 1년간 기부하여 모으고 회사는 이에 상응하는 금액을 출연하여 상생기금을 조성(약 52억)하고, 사회 양극화 해소 및 대·중소기업 양극화 해소에 활용하고 있다. 사회 양극화 해소를 위해서는 소외 계층과 불우이웃을 대상으로 소아암어린이 치료비 지원, 네팔 오지 교실 건축 지원 등을 하고 있다. 대·중소기업 양극화 해소를 위해서는 협력사 직원들에게 1인당 46만 원(직위 등에 관계없이 모두 동등하게 책정)을 '20년 1월에 지급하였다.

이처럼 SK이노베이션은 ① 상생기금 조성과 ② SK협력사 공동근로복지기금을 마련하여 원청과 협력업체 간 상생 발전을 선도하고 있다. 이에 대해 회사 및 노조 관계자에게 감사의 뜻을 전했다. 아울러 앞으로도 좋은 일에 적극 나서 주시길 바란다고 부탁하였다.

그렇다면 고용노동 문제에 있어 이 시기의 시대정신은 어떻게 정리할 수 있을까?

첫째는, 노사 협력과 화합을 통해 휴업, 휴직 등을 통해 고용을 유지하는 일자리 안정 도모이다. 일자리는 근로자의 삶의 터전이기에 어려운 시기일수록 일자리의 소중함은 더 커진다. 근로자들이 휴업, 휴직 등을 하여 고통이 있더라도 일자리는 유지되도록 하자는 것이다. 정부도 고용유지를 위한 회사 또는 노사의 노력을 촉진하기 위해 고용유지 비용의 최대 90%까지 지원하는 데 집중하고 있다.

둘째는, 경제위기와 고용위기 극복에 있어 노사는 동반자로서 소임을 다해야 한다는 것이다. 위기의 순간에 노사는 항상 손을 잡고 공동 노력을 기울여 왔다. 고용유지와 기업 경영의 안정과 발전을 위해 힘과 지혜를 모아야 한다. 20년도 임금교섭에 있어 임금인상 등을 모두 사측에 위임하는 노조 사례도 최근에 다수 있다.

셋째는, 원청과 협력업체 근로자 간 상생(근로 여건과 복지 등)이다. 경제적 위기가 다가오면 원청도 어렵지만 협력업체가 느끼는 현실은 더 어렵다. 원청에서 허리띠를 졸라매면 하청 근로자의 고용불안은 더 심각해지고 근로 여건도 더 열악해진다. 더 취약해지는 계층에 대해 원청이 조금 더 배려해 준다면 원·하청 간 상생은 더 빛날 수 있다.

넷째는, 비정규직 등 취약 계층을 위한 사회안전망 강화이다. 위기의 순간에 고용불안은 비정규직 등 취약 계층 근로자에게 가장 먼저 다가온다. 임시, 일용근로자, 기간제근로자, 용역 및 파견근로자와의 근로관계는 더 유연하게 정리될 수 있기 때문이다. 불가피한 실직에 대해 고용보험 등 사회안전망을 강화해야 하는 이유이기도 하다.

다섯째는, 산업현장 근로자의 안전한 일터 조성이다. 근로자 안전을 위해서는 시설 확충, 교육 등에 대한 투자가 필수적이다. 경영이 어려워지면 이러한 부분에 대한 투자를 가장 먼저 축소할 수밖에 없다는 고충을 얘기하지만, 근로자의 안전을 등한시하는 측면은 결코 있어서는 안됨을 명심하여야 한다.

2020.05.21. 〈중대재해발생 현장으로〉

　울산지역 유관기관 관계자들과 외부에서 점심을 먹으면서 현안에 대해 의견을 나누고 사무실로 복귀하는 길이었다. 정부가 지급하는 긴급재난지원금 효용과 기부 등에 대한 논의가 가장 뜨거웠다. 부임 후 유관기관장들과 첫 상견례를 마치고, 가벼운 마음으로 차에 올랐다.

　점심시간 중 들어온 메시지를 확인하고 있었는데, 12시경 현대중공업에서 중대재해가 발생하였다는 충격적인 보고가 있었다. 최근 잦은 중대재해 발생으로 부산고용노동청 주관 산업안전 특별감독이 5.11.~5.20.까지 이루어지고 하루가 지난 시점에서 또다시 사망사고가 일어난 것이다. 충격이었다. 가슴이 먹먹해 왔다. 어떻게 또 이런 일이 일어났을까? 어떻게 해야 할까?

　사무실에서 중대재해 발생 경위와 원인 등에 대해 자세한 보고를 받고, 긴급히 대책을 논의하였다. 금년에 벌써 3건의 중대재해 사고가 발생하였고, 노동청의 특별근로감독이 마무리된 이후에 바로 또 중대재해가 발생한 점을 고려할때 행정적·사법적 조치를 해야 할 필요가 있었다. 현장에 급히 달려간 근로감독관과도 통화를 하면서 상황을 면밀히 파악하였다. 법령 등에 따른 조치계획을 검토하고 바로 현대중공업 중대재해 사고 현장으로 달려갔다. 사고 현장을 직접 눈으로 보고, 그 원인도 정확히 간파할 필요성을 느꼈다.

〈표 1〉 최근 1년간 현대중공업(주) 사업부별 중대재해

사업부	재해일자	사업장명	사고내용	진행경과
조선	'20.2.22.	협력업체	트러스 추락	조사 중
	'20.4.21.	직영 선행도장부	빅도어 협착	조사 중
	'20.5.21.*	**협력업체**	**밀폐공간 질식**	조사 중
특수선	'20.4.16. (사망 4.27.)	직영 특수 선시운전부	특수선 해치 협착	조사 중
해양·플랜트	'19.9.20.	협력업체	기압헤드 협착	원·하청 기소송치

※ 최근 1년 이내 중대재해 3건 발생에 따라'20.5.11.~5.20. 부산청 주관 특별
　감독 실시
* 2020.5.21.(목) 11:10경 현대중공업 의장2부 협력업체 소속 재해자 ○○○이
　14안벽 3126호선(LNG) Trunk Deck Compressor Room(P)에서 파이프라인
　아르곤 퍼징 작업 중 의식을 잃어 사망(추정) – 근로감독관 3명, 한국산업안
　전공단 5명 현장조사

　무거운 마음으로 현장에 도착하여 근로감독관과 회사 관계자의 안내를 받으며 사고 지점을 점검하였다. 왜 그렇게 깊은 파이프라인 안에서 아르곤 가스 중독으로 쓰러지게 되었는지, 참으로 안타까운 심정이었다. 인근 동료 직원들은 재해자를 왜 일찍 구할 수 없었을까? 안전 교육이나 관리감독 등의 조치는 왜 미흡했을까?

　보다 정확한 사고 원인을 철저히 조사하라고 근로감독관에게 지시하였다. 그리고 회사에 작업중지명령을 내렸다. 중대재해가 발생한 그 선박 작업 일체와 현대중공업 전체 사업장의 밀폐공간작업 일체를 그 대상으로 지정(선박 건조작업의 공정 특성을 고려할 때 작업현장의 60%가 넘는 곳의 작업이 중지됨)하였다. 잦은 중대재해 발생이 있었으므로 폭넓게 그 범위를 설정하였다.

　그리고 자리를 이동하여 현대중공업 사장과 면담하였다. 금일과 최근 연이어 중대재해 발생에 대해 엄중 경고를 하고 법에 따라 강

력히 조치하겠다고 피력하였다. 아울러 중대재해 등의 예방을 위한 전사적인 대책을 마련하여 신속히 보고해 줄 것을 요구하였다. 회사 사장은 금일 발생된 중대재해에 대해 책임을 통감하고 있다며 재발 방지대책을 철저히 마련하겠다고 약속하였다.

사무실로 복귀하여 현대중공업 중대재해에 대한 대응책을 부산고용노동청과 세종 본부에 보고하였다. 중대재해 예방을 위한 다른 묘책은 없을까? 안전시설의 부실인지, 안전의식의 결핍인지, 하도급 등 업무 구조의 문제인지, 엄격한 처벌의 부재 때문인지… 고민만 깊어졌다.

그 후기(2021.01.08.)

중대재해가 연속해서 발생한 현대중공업에 대해 강도 높은 작업 중지명령(전체 사업장의 밀폐 작업공간 전체를 작업중지)5)이 내려지고, 중대재해의 재발을 막을 수 있는 전사적인 재해 예방 대책을 요구한 이후 현대중공업도 긴장감을 가지고 사후 대책을 신속하게 준비하기 시작했다. 고용노동부 울산지청은 회사의 안전관리 개선을 요구하였고, 강력한 법적 조치 등을 통해 이어지는 중대재해 발생의 고리를 끊어야 했다.

현대중공업은 신속히 안전 최우선 문화 구축과 중대재해 재발 방지를 위한 「안전관리 종합개선대책」을 6월 초에 발표하고, 모든 근

---

5) 작업중지명령이 매우 폭넓게 지정되자 회사와 노동계 모두가 놀랐다는 후문(회사는 당혹스러워했고, 노조도 그렇게 과감하게 작업중지명령을 내리리라 예상하지 못했다), 부임한 지 한 달도 되지 않은 신임 고용노동부 울산지청장이 법에 근거하여 최고의 칼날을 지역에 휘둘렀다며 모든 사업장이 극도로 긴장하며 진행 상황을 모니터링했다고도 함.

로자를 포함한 임직원(협력회사 포함)들이 모여 "신(新)안전 문화 선포식"을 개최하였다. 또한, 산업안전 최고의 전문가를 자문위원으로 채용하여 현장의 안전관리 전반을 개선할 수 있도록 하였다. 그룹사에서도 회장이 울산의 현장을 방문하여 안전관리 현장을 직접 점검하면서 "또다시 중대재해가 발생하면 공장 문을 닫을 수도 있다는 비장한 각오로 전 임직원이 재해 예방에 전념하라"고 메시지를 전달하기도 하였다.

<전사적 안전관리 종합개선대책>의 주요 내용
　① 안전리더십 강화(안전 최우선 경영방침의 책임 있는 실행)
　　- 생산 중심의 사업부 조직을 안전 중심 사업부 체제로 개편(안전과 생산을 연계)
　　- 산업안전 최고 전문가를 고위 임원으로 영입
　② 안전한 작업환경 조성을 위한 인프라 확대(투자 강화)
　　- 현대중공업 그룹사의 안전예산을 향후 3년간 3천억 원 증액 투자(이 중에서 1,600억 원을 현대중공업에 집중해서 추가 투자)
　③ 작업자 중심의 안전교육 체계 개편
　　- 실습, 체험, 토론 등 참여형 안전교육을 통한 교육 집중도 향상
　　- Safety Career Path 제도 운영(입사부터 관리자로 올라갈수록 심화된 안전 교육)
　④ 선제적 사고예방시스템 구축 및 협력사 안전관리 강화
　　- 작업표준 혁신 TF 운영, 협력사 안전관리 역량강화 프로그램 시행

- 작업자가 재해예방을 위한 안전수칙에 문제가 있는 작업환경 발견 시 안전 조치를 요구하는 안전작업요구권 신설, 운영
⑤ 노사정 합동 안전 활동 추진
- 안전혁신 자문위원회 확대 운영, 신안전 문화 선포식, 선진기업 벤치마킹

회사의 이런 노력과 함께 고용노동부(울산지청)는 잠재적 위험요인을 사전에 점검하여 개선하기 위해 약 2개월간 상시감독을 진행하였고, 사업장에서 마련한 전사적 안전관리 종합개선대책의 실행현황을 모니터링하는 특별 모니터링단을 회사의 노사 및 전문가를 포함시켜 운영하며 현장의 안전관리를 지속적으로 추진했다. 또한, 사업장의 안전보건관리를 전반적으로 진단하고 개선책을 마련하기 위해 산업안전보건 종합진단명령을 내렸다.

현대중공업 사장님은 산업재해 예방을 위한 현장 점검과 개선을 위해 새벽에 일찍 전체 현장을 매일매일 다니면서 근로자 및 관리자들에게 애로 사항을 청취하고 안전에 취약점이 없는지를 살펴보는 소통의 모습을 보여주시면서 안전관리의 최일선에서 노력해 주셨다. 아울러, 협력회사를 비롯한 모든 임직원들이 새롭게 출발하는 마음으로 안전관리의 개선대책에 따라 긴밀하게 협력하면서 안전 최우선의 경영방침을 이행해 주었다.

5월에 발생한 중대재해의 후속조치로 작업중지명령이 내려졌던 부분(전체 사업장의 밀폐공간)은 사업장의 안전조치가 이루어지고 향후 사고 위험이 없는지 등을 면밀히 검토하면서 6월에 단계적으

로 해제시켰다. 가장 중요한 것은 계획상의 안전이 아니라 그 계획이 현장에서 잘 실천되는 것이다. 즉, 잘 수립된 안전 수칙과 지침을 각 생산부서에서 성실히 이행하면서 안전 중심의 생산시스템을 구축해야 한다. 안전부서와 사업부서가 안전관리의 일체가 되는 것이었다. 또한, 안전이 다소 취약한 협력회사에 대한 철저한 안전관리 방안도 매우 중요한 분야였다.

안전관리 체계와 재해 예방 노력이 사업장에 정착되기 위해서는 조금의 시간이 필요하다. 6월 초부터 새롭게 도입된 안전 개선 계획들이 현장에 잘 적용될 수 있도록 꾸준히 관심을 가지고 그 실행 여부를 체크해 주어야 했다. 전 임직원이 새롭게 시작된 안전관리 체계하에서 긴장감을 가지고 안전에 전념하였다. 사업장 전반에 안전 위기의식이 녹아 있는 가운데 무더운 여름을 보냈다. 그리고 가을에도, 겨울에도 안전관리 노력이 지속되었다.

현대중공업 현장은 대단히 넓다. 635만㎡에 이른다고 한다. 그리고 중공업과 사내 협력회사 근로자 약 2만 5천여 명이 일을 하고 있다. 1972년에 창립되어 50년의 역사를 가지고 있으며, 세계 최고의 조선 사업장으로 글로벌 선도기업의 위상을 가지고 있다. 그런 역사와 위상을 가지고 있는 만큼 사업장의 안전 수준도 최고가 되어야 하므로 안전 우선의 경영가치를 토대로 산업재해 예방을 위한 노력이 보다 세심하게 진행되어야 한다. 그러한 노력과 시간이 오래도록 흘러야 안전 문화가 완벽하게 정착될 수 있다고 생각된다.

이제 해를 넘겨 21년이 되었다. 20년에 있었던 아픔을 딛고 21년에도 안전관리 체계가 잘 정립되고 안전 문화가 전 사업장, 전 근로자에게 생활화되었으면 좋겠다. 안전한 환경 속에서 근로자가 밝은 모습으로 열심히 일하고, 가벼운 발걸음으로 하루하루 출퇴근하길 기대한다.

그 후기(2021.02.05.)

오늘 오전에 현대중공업에서 중대재해가 다시 발생하였다. 대조립 1공장에서 핀지그 위에 세팅된 철판을 레버플러로 미세 조정하던 중 철판이 흘러내리면서 옆을 지나가던 재해자의 머리가 핀지그와 철판(2.6톤)에 끼여 희생이 되었다. 이 공정은 큰 철판을 연결하기 위한 작업이 진행되는 판계 공정이다. 중량물에 해당하는 곡선의 철판을 크레인으로 옮겨 와 높은 공간에 고정시켜 놓고 용접 등을 통해 철판을 잇는 작업이었다.

사고 소식을 접하고 감독관들이 현장으로 달려갔다. 현장을 보존하고 사고의 경위와 원인에 대한 조사가 진행되었다. 나도 현장을 찾아 설명을 듣고 회사 사장을 면담하였다. 또다시 발생한 중대재해에 대해 엄중히 경고하고 보다 강도 높은 안전대책이 필요하다고 지적하였다. 일정기간 작업을 중단하고 노사가 함께 현장 전체의 안전시스템을 점검하고 이를 개선 조치하는 방법도 강력히 권고하였다. 감독관들이 일제히 출동하여 현장 점검을 거쳐 판계작업이 이루어지는 대조립 1,2,3공장의 작업중지를 명령하였다.

지난해 상반기 중대재해가 4건이나 발생하여 강력한 안전조치를 요구하였고, 상시 감독 등을 통해 관리를 지속하여 왔으나, 해가 바뀌고 2월에 다시 중대재해가 일어났다. 지난해 5월 이후 9개월 만에 다시 발생한 중대재해다. 머리가 멍하고 가슴이 먹먹하고 답답하였다. 어떻게 해야 중대재해의 고리를 끊을 수 있을까? 고심을 하던 중 현대그룹을 창업한 정주영 선대 명예회장의 자서전 "이 땅에 태어나서"를 읽기 시작했다. 혹시 좋은 답이 없을까?

2020.05.25. 〈울산 MBC 인터뷰〉

　　지역 방송인 울산 MBC가 새로 취임한 기념으로 대담 요청을 해와 지역 노사현안에 대해 대담을 진행하였다. 5월 21일에 녹화를 진행하고 5월 25일 아침에 방영되었다.

　　〈MBC가 만난 사람: 김홍섭 고용노동부 울산지청장〉
　　질문1〉 울산지청장 취임을 축하드립니다. 지난 5.1. 자로 취임
　　　　　을 하셨는데 먼저 전국 최대의 산업도시 울산에 취임
　　　　　한 소감부터 한 말씀 해주시죠.
　　- 울산지역에 계시는 노동자와 경영자 여러분을 뵙게 되어
　　　기쁩니다.
　　- 말씀해 주셨듯이 울산은 국가 경제의 중추가 되어 온 산업
　　　도시이면서, 노동운동의 핵심 지역으로 노동자의 도시이기
　　　도 합니다.
　　- 저는 고용노동부 울산지청장으로 부임한 이후 노동조합, 경
　　　영단체, 울산시, 유관기관 관계자를 만나 다양한 지역 현안
　　　들에 대해 의견을 듣고 해결 방안을 모색하고 있습니다.
　　- 적극 노력하여 큰 성과가 창출되도록 역량을 집중하겠습니다.

　　질문2〉 울산은 국가 공단이 밀집해 있어 노사마찰이 어느 도
　　　　　시보다 많은 곳입니다. 현재 노동 현안은 뭐라고 생각
　　　　　하십니까?
　　- 노사는 그간 위기 극복의 동반자였습니다. 지금 직면한 미

증유의 경제위기와 고용위기도 노사가 힘을 모아야 극복할
수 있습니다.

- 자동차공장은 수출 급감으로 일시적 휴업을 반복하고 있고,
조선업은 세계 발주량이 끊어져 수주가 거의 없으며, 정유
업계는 국제유가 하락으로 대규모 적자에 처해 있어 5월
이후 경기 전망을 어둡게 하고 있습니다.

- 이런 경기침체로 지역 취업자 수는 감소되고, 실업급여 신
청과 휴직자는 증가하는 등 고용 상황도 좋지가 않고, 향후
더 악화될까 걱정입니다.

- 이에 노동자에게 가장 필요한 것은 일자리 안정이고, 경영
자에게 절실한 것은 경제 회복입니다. 노사가 함께 고민해
야 할 현안입니다.

질문3> 울산의 주력 산업이 쇠퇴일로를 겪으면서 특히 조선
업이 가장 큰 어려움을 겪고 있습니다. 현대중공업
노사마찰이 극에 달하고 있는데, 어떻게 조정해 나갈
예정입니까?

- 현대중공업은 작년 사업의 물적 분할 과정에서 노사가 극
심한 갈등을 겪었습니다. 그 영향으로 작년 임금협상이 아
직 마무리되지 못하였고, 최근 중대재해도 연속적으로 발생
하여 노사 갈등이 현존합니다.

- 저는 부임 후 현대중공업을 찾아 중대재해 예방을 위한 전
사적인 종합대책 마련과 노사 간 공동 노력을 요청하였고,
임금협상의 걸림돌이 되는 사안도 노사가 양보하여 대승적
으로 접근해 달라고 부탁한 바 있습니다.

질문4> 현대자동차 노사의 올해 협상 전망과 노사에 주문할
　　　 말이 있다면?

- 작년 현대자동차 노사는 임금협상을 8년 만에 파업 없이
  타결하여 노사관계 변화의 좋은 계기를 만들었습니다.
- 금년 임단협 교섭은 하반기에 시작될 것으로 전망됩니다.
  올해는 코로나19로 인한 세계 자동차 산업 침체로 휴업이
  반복되고 있어 노사의 고심이 깊습니다. 5월에도 엔진변속
  기 공장 중심으로 일부 휴업이 진행되고 있어 위기 극복을
  위한 노사의 역할이 더 중요해졌습니다.
- 근로자 고용안정을 확보하면서 회사 경영 위기도 극복하는
  노사 상생의 지혜를 같이 모아 가자고 제안하고 싶습니다.

질문5> 네, 마지막으로 코로나19 여파로 기업들이 생산과 투
　　　 자를 줄이면서 고용불안이 우려되는 상황입니다. 양
　　　 대 노총과의 관계설정이 중요하다고 생각되는데 어떤
　　　 복안을 갖고 계시는지?

- 중앙정부는 위기 극복을 위한 노사정 대타협을 논의 중에
  있고, 울산 양대 노총도 지역 위기 극복의 공동 노력 필요
  성을 공감하고 있습니다.
- 저는 최근 울산 양대 노총을 방문하여 근로자의 고용안정
  을 확보하면서 지역 경제도 활성화하는 데 같이 노력하여
  지금의 위기를 함께 극복하자고 의견을 모았습니다. 앞으로
  도 현안에 대해 지속적으로 협의하여 공동의 지혜를 마련
  하겠습니다.

2020.05.27. 〈가정의 달 5월의 의미〉

5월 가정의 달이 어느덧 마지막 주에 접어들었다. 봄날 날씨는 매우 화창하고 더위도 서서히 진해지고 있다. 5월이 가지는 의미를 되새겨 보면서, 5월에 속해 있는 기념일들도 재조명해 보자.

5월의 첫날은 근로자의날(노동절)이다. 요즘 남녀 구분이 없이 일터에서 근로하며 생계를 지탱해 가는 시절을 보내고 있다. 직장에서 받는 스트레스, 과중한 업무로 인한 피로감 등이 퇴근길 발걸음을 무겁게 한다. 최근에는 코로나19로 인한 경제위기로 일자리에 대한 불안감까지 엄습해 온다. 근로자가 행복한 마음을 가지고 출퇴근하는 시기가 오길 기도해 본다. 근로자가 행복하고 여유를 가져야 가정도 안정이 된다. 그렇게 생각해 보면 근로자의 고용안정, 일터 안전이 행복한 가정의 첫 출발점이 된다는 의미를 내포한다. 가정의 달 5월 첫날에 근로자의날이 지정된 것은 그 의미를 더해 주는 듯하다.

다음은 5.5. 어린이날이다. 미래의 역군이 될 어린이들이 꿈과 희망을 가지고 성장할 수 있도록 모두가 관심을 가지자는 의미를 담은 날이다. 해맑고 초롱초롱 빛나는 어린이들의 눈망울을 보면 부모 마음도 더불어 밝아진다. 어린이날 빠질 수 없는 것이 기념선물이다. 그리고 대공원, 놀이 시설 등에서 아이들과 함께하는 시간이다. 다른 세상사는 다 잊고 아이들에게 집중하고픈 날이다. 요즘 어린이들은 성장이 빨라서인지 눈치도 빠르다. 부모님의 근심 어린 얼굴, 처진 어깨를 보면 주눅이 들기도 한다. 안타깝지만 현실이 그러하다. 일하는 엄마, 아빠가 근심이 없어야 아이들도 마냥 더 즐거울 수 있다.

그리고 5.8. 어버이날이다. 무한한 내리사랑을 주시는 부모님께 하루라도 화끈하게 효도하고픈 날이다. 자식들이 모두 모여 부모님과 함께 시간을 보내는 기회도 요즘 줄어들고 있다. 핵가족이 되었고, 자식들 교육 여건 때문에, 또 다른 이유로 대가족이 모이는 관례는 서서히 사라지고 있다. 때로는 어려운 형편 때문에 그 마음을 제대로 전하지 못하는 때도 있다. 그러나 부모님은 항상 자식 걱정이다. 직장에는 별일이 없는지, 건강은 어떠한지 늘 근심한다. 모처럼 드리는 부모님 용돈에도 고맙고, 같이 나누는 시간도 즐겁지만, 가장 핵심은 자식들이 직장을 잘 다니며 가정이 안정되는지이다. 이렇게 생각해 보면 부모님 마음의 행복은 자식(근로자)들이 직장을 잘 다니는 것으로 귀결된다. 근로자들의 일자리 안정이 부모님 행복의 출발점인 것이다.

5.15. 스승의날로 이어진다. 국가의 백년지대계(百年之大計)인 교육에 종사하는 선생님들에 대한 감사의 뜻을 기리는 날이다. 선생님들도 모두 근로자이다. 다만, 공무원 또는 공무원에 준하는 신분을 가진다. 교원의 지위를 법적으로 보장하고 있고, 복무와 관련하여 국가공무원법을 적용받고 있다. 교원들의 교권을 보호하는 것도 매우 중요한 사회적 이슈이다. 유아교육, 초중등교육, 고등교육(대학)[6]에 종사하는 교원들의 노동조합도 교원노조법에 따라 설립되어 활동하

---

6) 고등교육법에 의한 교원의 노조설립을 제한하고 있는 교원노조법 제2조에 대해 헌법재판소는 헌법불합치 결정('18년 8월 30일)을 하면서'20년 3월까지 개선 입법을 마련하라고 요구하였고,'20년 5월 교원노조법이 국회에서 개정되어 고등교육법에 의한 교원의 노조설립이 가능해짐.

고 있다. 모든 선생님이 즐겁게 학생 교육과 인재 양성에 전념할 수 있었으면 좋겠다.

5.18. 성년의날(매년 5월 셋째 주 월요일)이다. 민법상 만 19세가 되면 성년이 된다. 부모님의 보호를 받던 미성년자가 이제 홀로서기를 하는 날이 되는 것이다.

5.21. 부부의날이다. 둘이서 하나가 된다는 의미로 21일이고 가정의 달인 5월에 속해 있다. 부부관계의 소중함을 일깨우고 화목한 가정을 엮어가자는 의미를 가진다.

이렇듯 5월 가정의 달에 가족 구성원들의 행복을 기원하는 기념일이 많이 지정되어 있다. 어린이, 어버이, 스승, 성년, 부부 등 모두가 가정의 행복에 매우 중요한 부분들이다. 그중에서도 근로자의날이 으뜸이다. 근로자로 사회생활을 하는 가족 구성원이 안정된 일자리 속에서 행복하게 직장 생활을 할 수 있어야 가족 모두에게 행복의 기초를 부여할 수 있기 때문이다. 특히나 요즘 코로나19로 인한 경제위기와 고용위기 상황에서 가정의 중심이 되는 근로자의 일자리 안정이 더욱 부각되고 있다. 그런 의미에서 5월 가정의 달 첫날에 근로자의날이 지정되어 일자리가 안정되어 근로자가 행복해야 모든 가정이 행복할 수 있다는 의미를 강조하고 있음을 잊어서는 안 된다.

2020.06.02. 〈바쁜 하루하루〉

울산에 부임하여 업무를 시작하고 1달이 지났다. 시간이 벌써 이렇게 흘렀나 싶다. 어색했던 울산에서의 첫 시작이 어느 정도 정리되고 조금씩 익숙해지는 듯하다. 관사에서의 객지 생활도 자리를 잡아가고 있다. 추가적인 바람을 가진다면, 조금씩 활동 공간을 넓히고 만나는 사람들도 확대해 가는 것이다. 그런 네트워크 속에서 울산에 대해 더 자세히 알게 되고, 울산 사람으로 서서히 변모해 갈 것이다.

일도 참 바쁘다. 하루에 소화해야 하는 일정이 꽉 짜여 있다. 업무 협의를 위한 사업장 방문, 업무 연계성으로 찾아오는 내방객과의 약속이 끊이지 않는다. 산업안전, 노사관계, 근로감독 등과 관련된 사업장 관계자와의 만남과 업무 협의가 대부분이다. 왜 이렇게 일들이 생기는 걸까? 해야 할 일이기에 책임감을 갖고 행복한 마음으로 임해야겠다. 바쁘게 일하는 모습이 가장 아름답다고 누군가가 얘기해 주었다. 어려운 시기일수록 더 열심히 일해서 모두가 행복하게 하루하루 지낼 수 있도록 역할을 하고 싶은 마음이다.

서로 간의 소통과 정보 공유, 지속되는 고민과 해결책 모색이 나를 몸부림치게 한다. 머릿속은 복잡해지기만 하고, 피로는 몰려와 누적되고, 가끔은 가슴이 답답하기도 하다. 어긋난 이해관계를 가지런히 바로잡아 주고, 조금씩 양보토록 하는 것이 참 어려운 일임을 다시 깨닫는다. 지켜야 할 법령이나 기준을 위반했을 경우 이를 엄단하는 것은 어쩔 수 없는 일이다. 마음이 조금 아플지라도 차가운

이성으로 나를 다독거린다.

특히, 현장에서 발생하는 중대재해에 대해서는 매번 가슴이 먹먹하다. 갑자기 올라오는 중대재해 보고는 가슴을 철렁하게 만든다. 근로자의 생명이 희생되는 사안이라서 어떻게 예방 대책을 세워야 할까? 하고 항상 고민하지만 뚜렷한 대안이 떠오르지 않는다. 영원한 숙제이다.

2020.06.10. 〈승진의 의미를 되새겨 봄〉

공무원에게 승진은 무엇일까? 오늘 날짜로 공직 생활 이후 두 번째 승진을 맞이하였다. 참으로 오랜만에 느껴보는 승진의 기쁨이다. 기다림이 길었던 만큼 그 기쁨이 더 큰 걸까? 아니면 너무나 기다림이 길어 기쁨을 느끼기보다는 직장 생활의 한 마디를 되돌아보는 시간일까? 그냥 이제 마음이 조금 편안해졌다고 하는 것이 솔직한 표현일 것이다.

어떤 직장이든지 조직에는 상하 관계가 형성되고 최고 결정권자부터 실무 직원까지 위계질서를 가진다. 입사 동기들이 있고, 입사 연도에 따라 경력의 차이를 가지게 된다. 직장 생활이 시작되면서 또 다른 경쟁도 시작된다. 승진도 어쩌면 이런 경쟁의 결과인지 모른다. 경쟁에서 능력을 발휘하는 직원은 빠르게 승진을 하면서 동기들보다 앞서가고 주위로부터 견제를 받기도 한다. 경쟁을 무난하게 버티는 직원들은 평균적으로 승진을 하면서 무난한 직장 생활을 이어간다. 승진에서 동기들보다 늦어지는 경우는 능력발휘 여부를 떠나 위축감을 느낀다. 그래서 승진은 빠르게 하는 것보다 평균적인 수준에서 이어가는 것이 좋다고 한다. 늦게 승진을 하는 경우는 기쁨을 만끽하기보다는 늦었지만 승진했다는 안도감만 가질 뿐이다.

나는 어느덧 24년이라는 긴 세월을 공직자로 지내왔다. 60세 정년까지 생각하면 앞으로도 13년의 공직 생활이 남았다. 가끔 과거를 되돌아보고 미래를 설계해 보는 것이 당연하지만, 가장 중요한 것은 지금의 이 순간을 어떻게 살 것인가? 하는 물음이다. 나는 왜 공무원이라는 직업을 선택하였는가? 그동안 나는 어떤 철학을 가지고 공직 생활을 해 왔는가? 지금은 어떤가? 앞으로는 어떻게 할 것인가? 직장에서 승진이라는 변곡점을 맞이했기에 이런 다짐을 다시 해보는 것이 필요하다는 생각에 글을 적어본다.

모든 조직에서의 승진은 양면을 가진다. 직급이 상승하여 조직에서의 위상이 제고되고 결정권도 높아진다. 또한 보수도 올라가 경제적으로 더 여유가 생긴다. 아울러 그에 따른 책임감이나 의무감은 커지는 것이다. 주어진 권한과 책무에 따라 변화되는 모습이다.

처음 공직을 시작하던 1996년 4월 첫 월급봉투는 매우 얇았다. 그 당시 동료들이 취업처로 가장 선호했던 은행이나 민간 대기업에 취업했을 경우에 받는 월급보다는 절반 수준에 불과했다. 보수는 매우 낮은 수준이었다. 하지만 그 당시는 아직 젊은 나이였기에 월급의 수준이 절대적으로 중요한 기준은 아니었다. 그 이후 20여 년이 지난 지금, 공무원의 보수는 지속적으로 상승해 와 어느 정도의 수준까지는 도달했다. 나도 가정을 이루고 자녀를 교육시키며 적정한 생활수준을 유지할 만큼의 월급은 받고 있다. 물론, 같이 학창 시절을 보냈던 동창들이 대기업에 취업해서 받는 월급 수준에 비하면 약한 것이 사실이다. 그러나 월급 때문에 직장 선택을 후회해 본 적은 없다. 남들보다 적게 받으면 조금 더 절약하고 소비 수준을 낮추면 된다고 생각해 왔다.

언제나 머리를 떠나지 않았던 생각은 내가 지금 무슨 일을 하고 있나? 이 일이 가지는 의미는 무엇인가? 내가 왜 이 자리에 있나? 내가 가진 권한과 책임을 제대로 수행하고 있는가? 하는 것이었다. 때때로 공직자로서 혼돈의 시간을 가질 때 이런 근원적인 질문을 스스로에게 던져 보기도 하고, 선배 공무원들의 말을 되새기곤 한다. 공직 생활을 처음 시작할 때 가졌던 마음과 각오를 잊지 않고 잘 지켜가는 것이 중요하다는 선배들의 말씀이 그것이다. 지금 이 시간, 나에게는 그런 고민의 시간을 가지고 그런 얘기들에 귀를 기울여 보아야 하는 순간들이다.

2020.06.12. 〈자동차부품사의 중대재해〉

아침에 일어나 출근 준비를 하고 있었다. 평상시와 다르게 갑자기 부재중 전화가 서너 곳에서 와 있었다. 아침 이른 시간에 전화가 왔다는 건 좋은 조짐은 아니었다. 부재중 전화의 연유를 확인하기 위해 이른 아침이지만 조심히 전화를 걸어보았다.

아니나 다를까. 어젯밤 늦게 현대자동차에 부품을 공급하는 협력업체에서 중대재해(근로자 1명 사망)가 발생하여 작업중지명령이 내려짐에 따라 이와 연관된 회사들도 덩달아 작업이 중지되는 상황이 발생하였고, 이에 대한 빠른 대처를 부탁하는 내용이었다. 또 재해자의 친인척은 사고의 원인이 무엇인지를 확인하는 과정을 물어오는 전화였다. "또 중대재해가 발생하였구나" 하고 한탄을 하며 빠르게 사무실로 나왔다.

직원으로부터 사고 경과 등에 대한 상세한 보고를 받았다. 자동차부품을 공급하는 부품제조업체에서 금형 작업 중 사망 사고가 발생하여 작업이 중지되었고, 그 영향으로 현대자동차 공장도 일부가 가동을 중단하게 될 것이라고 했다.

> <사고 개요> '20.6.11.(목) 21:20분경 ○○산업(주) 2동 22라인 발포(샤시패드를 찍어 성형하는 공정)라인에서 협력업체 근로자가 발포 금형 하형에 스킨 세팅 작업 중, 발포 금형 상형이 갑자기 내려와 협착되어 같은 날 21:59경 사망한 재해

재해발생 장소 전경   재해발생 공정과 동일한 공정라인

현장 사진

<조치 현황> 6.12. 9시 근로감독관과 안전보건공단 직원이 사
고 현장으로 출동하여 사고 원인 등에 대한 조
사를 실시 중

사업장의 중대재해가 발생한 해당 작업과 이와 동일한 공정의 작
업에 대해 작업중지명령을 내려 유사한 사고의 재발생은 방지되도
록 처리해 놓은 상태였다. 통상적으로 중대재해가 발생할 경우 취해
지는 긴급 조치들이다. 그리고 중요한 것이 중대재해가 발생한 그
원인을 정확히 규명하고 재발 방지를 위한 대책을 수립하여 시행토
록 사업장에 지도하는 것이다. 산업재해의 발생이 예방될 만큼 안전
조치가 이루어졌다고 판단되면 '작업중지명령 해제 심의위원회'를
열어 작업이 재개될 수 있도록 한다.

중대재해 발생에 따른 이런 일련의 과정이 진행되면 된다. 그런데
문제는 자동차산업의 생태계였다. 자동차 부품이 부품회사에서 공급
이 되지 않으면 완성차를 제조하는 자동차 공장이 작업을 할 수가

없는 것이다. 부품들을 제공받아 완성차를 조립해 가는 시스템이 하나의 컨베이어 체계로 돌아가기 때문이다. 한 작업공정에서 부품이 제대로 공급되지 않으면 완성차 공장 전체가 가동을 할 수 없는 것이다. 이렇게 완성차 제조 공정이 멈추어 버리면 다른 부품회사들도 부품 공급이 불필요하여 작업을 멈출 수밖에 없다. 여기에서 문제가 발생하는 것이었다.

중대재해가 발생하면 재해자의 희생을 안타까워하면서 또 다른 중대재해를 방지하기 위한 노력이 무엇보다 중요하다. 이러한 조치를 위해 작업공정을 중지토록 명령하는 것이다. 그런데 이런 작업중지명령이 자동차산업의 생태계에서는 그 파급력의 범위가 엄청 넓었고 그 정도가 강했던 것이다.

이렇게 상황이 전개됨에 따라 자동차 공장의 생산 중단으로 지역경제에 미치는 각종 우려와 걱정이 다양하게 제기되었다. 중대재해가 재발되지 않도록 철저하게 조치를 취하면서도 지역사회에 미치는 피해는 최소화해야 한다는 것이었다. 중대재해 발생으로 인해 취해진 작업중지명령에 대해 신속한 재검토가 필요하다는 주장이었다.

자동차 부품을 제공하는 회사를 운영하는 사업주들이 찾아와 생산공정이 중단되면서 수많은 근로자들이 일을 못 하고 있고, 지역경제에도 막대한 손실이 초래되고 있음을 고려하여 신속히 작업이 재개될 수 있도록 선처해 줄 것을 요청하였다. 부품사들은 사업장에 중대재해가 발생하지 않도록 모든 공정을 재점검하는 등 재해 예방노력을 철저하게 이행하겠다고도 다짐해 주었다.

특히, 최근 코로나19 여파로 세계 자동차 시장이 침체되면서 자동차 완성차를 생산하는 현대차 공장이 휴업을 반복하고 있어 부품을 공급하는 부품사들도 매우 어려운 상황이라 호소하였다. 그나마 국내 자동차 수요는 새롭게 출시된 차종 중심으로 회복되고 있어 작업 공정이 중단되면 경제적 피해가 막심하다는 것이었다. 하루하루 힘겹게 버티고 있는 자동차산업의 관계자들을 배려해 달라고도 하였다.

이런 요구에 대해 생산시설에 대한 안전조치 점검이 신속히 이루어지고 재발 방지 대책을 수립해 오면 최대한 빠른 심의를 거쳐서 작업의 재개 여부를 판단해 주는 것이 가장 합리적인 방법이라고 설명하였다. 모든 자동차 부품회사에 유사한 중대재해가 다시 발생한다면 더 강한 행정적·사법적 조치가 불가피하다고 하면서 재해 예방을 위한 전사적인 노력이 동반되어야 함을 주장하였다. 아울러 지역 경제의 피해를 최소화하는 것도 매우 중요한 고려 사항임을 공감한다고 하였다. 그렇게 절차를 진행하겠다고 약속도 하였다.

이런 과정을 되짚어 보면서 참으로 안타까움을 금할 수 없었다. 자동차산업의 생태계는 위기 대응 체계가 이렇게 허약한가? 혹자들은 세계 경쟁력을 갖추기 위해 부품 공급을 실시간으로 제공토록 체계를 갖추어야 하기 때문에 부품의 재고를 최소화해야 하는 불가피성이 있음을 이해해야 한다고 하였다. 세계의 모든 자동차 생산공장이 다 그런 시스템이라고도 하였다. 그런 현실을 탓할 수만은 없었다. 그렇다 하더라도 비상 상황에 대비하여 최소한의 재고를 비축하는 것이 위기 대응을 위한 올바른 대책이다. 비용 축소라는 경제적 관점에서만 접근하지 말고 위기 상황을 상정한 대비책이 강구되어야 한다.

부품 공급업체를 다각화하는 방안도 검토해 보아야 한다. 자동차 산업은 20년 2월 코로나19 전염으로 중국 산업이 정지되자 중국에서 공급받던 부품(와이어링)이 수급되지 않아 휴업을 한 사례도 있었다. 한 부품회사에만 해당 제품을 의존하기 때문에 발생되는 문제이다. 다양한 중소기업체를 육성하여 부품 공급을 다각화할 필요가 있다. 그래야 부품 공급 중단에 따른 위기 상황에서 관련 산업계의 피해를 최소화할 수 있다.

  제일 바람직한 것은 자동차 생산 생태계에서 중대재해가 없도록 철저히 대책을 세우는 것이다. 그렇다면 작업공정이 중단될 이유가 없는 것이 아닌가? 실타래처럼 얽혀 있는 많은 기업체들이 안정되게 가동될 수 있는 최선의 방법이다. 완성차를 조립하는 원청, 부품을 공급하는 각 협력업체가 생산 과정에서 재해가 발생되지 않도록 확고한 대비책을 세우고 이를 작업공정에서 철저하게 이행한다면 다시는 이런 상황이 재연되지 않을 것이다. 모든 생산 공정에서 재해 예방을 확실히 해줄 것을 요구하고 싶다.

2020.06.13. 〈울산에서 보내는 주말의 비〉

한 주를 바쁘게 보내고 맞이한 토요일 아침이다. 여유로운 마음을 안겨주는 날이기에 조금 늦게 눈을 떴다. 이번 주말에는 서울로 올라가지 않고 울산에 남았다. 왠지 울산에 남고 싶었다. 혼자만의 조용한 휴식이 필요했는지 모른다.

비가 내리는 울산의 토요일 아침에 관사에서 창밖을 바라보고 있다. 눈에 들어오는 대공원 모습이 푸르기만 하다. 변함없이 풍차는 그 자태를 뽐내고 있다. 녹음을 품어가는 대공원 숲이 내뱉는 고요함에 내 마음도 정화(淨化)되어 가는 듯하다. 울산에서 성장한 기업의 회장이 시민들을 위해 안식처를 제공하겠다는 의지로 조성한 대규모의 시내 공원이 내 눈앞에 펼쳐져 있다.

맑은 날 아침 관사에서 바라본 모습

비 오는 밤에 조명이 켜진 모습

  울산대공원은 언제나 시민들의 발길로 북적인다. 비 오는 오늘도 우산을 쓰고 공원을 산책하는 시민들이 띄엄띄엄 보인다. 어김없이 오늘도 공원의 고요함을 즐기고 있다. 비가 내려서인지 평소보다 발길이 적다. 그런 연유로 숲의 한적함은 더욱 깊어져 있다. 날씨와 관계없이 공원은 한결같이 시민을 위한 안식처다. 자기도 모르게 발걸음은 길을 따라 뚜벅뚜벅 옮겨 가고 있다.

  비 내리는 주말 아침, 마음은 차분하기만 하다. 문득 서정적인 음악이 듣고 싶어졌다. 그래서 쇼팽의 야상곡(夜想曲, 녹턴)을 틀어놓았다. 정교하고 섬세한 피아노 선율이 오묘하게 다가온다.

아침에 내리는 비

작은 호수에
내가 온다고 말하는 너의 속삭임이
작은 떨림으로 퍼져 가는구나

짙은 나뭇잎에
나를 안아달라고 애원하는 너의 몸부림이
작은 방울이 되어 맺히는구나

아파트 창밖으로
마냥 흘러내리는 너는
잠시 스쳐가는 아쉬움이구나

저 멀리 풍차에
바람을 달고 온 너는
날개가 움직이도록 유혹하는구나

이 아침에 내리는 너
어디서든 허튼 것이 없네
그래서 아름답다. 그리고 소중하다.

멀리 계신 내 님에게 가서
서운한 마음 달래 다오
너를 바라보는 내게도 와서
옷깃에 머물러 다오

2020.06.19. 〈지역 인사와의 저녁〉

저녁에 지인의 소개로 지역 대학의 어느 교수님과 식사를 같이 하였다. 비가 내리는 저녁이라 홍어 음식에 지역의 막걸리도 한 잔하면서 다양한 주제를 화두로 삼았다. 울산지역에 부임하여 2개월 남짓 된 새내기와 오랜 시간 지역에서 학자로 활동하신 분과의 만남이었다. 그 중재자 역할을 다하신 지인도 다양한 말씀을 주셨다.

소소한 일상과 함께 지역사회 문제에 대해 느낀 것과 아쉬운 부분에 대한 얘기를 많이 하셨다. 지역의 특성을 살리면서 지역 발전을 도모할 수 있는 방안도 함께 얘기하였다.

2020.06.24. 〈SK이노베이션 노조대의원대회〉

오늘은 노조 행사에 다녀왔다. SK이노베이션 노동조합에서 "제57년 차 정기대의원 대회"를 개최하면서 그간 공로가 높았던 조합원에 대한 노동지청장 표창장 수여를 요청하였고, 정기 대의원 대회에 대한 축하 말씀을 요구하여 흔쾌히 수락하고 참석하였다. 오랜 기간 회사 성장과 더불어 발전해 온 노동조합의 뜻깊은 행사였다.

노동조합 결성 이후 57년의 역사를 가졌다는 것은 한국의 노동운동 역사 그 자체라고도 할 수 있겠다. 노동조합의 역사가 열악한 노동조건을 개선하기 위한 갈등과 투쟁으로 이어 왔기에 노조의 역할은 더 의미를 담을 수 있는 것이다. 지금의 SK이노베이션 노사관계는 협력과 상생의 모범적 사업장으로 자리매김하고 있지만, 지난 역사 속에서는 노사 간 심한 갈등과 투쟁도 있었음을 짐작할 수 있다. 그런 상황을 넘어 모범적 노사관계 사업장으로 정착되었기에 노조의 그간 역할을 축하해 주고 싶다.

이 행사에는 경제사회발전노사정위원장을 비롯하여 한국노총 관계자(산별연맹 위원장, 울산지역 의장), 회사 대표 등 경영자, 울산시청·교육청·고용노동청 등 관계자가 함께 모였다. 이 자리에서 노조와 조합원에게 전해 준 축하 말씀을 적어본다.

축하드립니다. SK이노베이션 노조위원장님,
존경합니다. SK이노베이션 노조 조합원 여러분,
오늘 맞이한 제57년 차 노동조합 정기대의원 대회를 진심으로 축하드립니다.

저는 "OK! SK!", "HI! SK!"라고 알고 있습니다. 노조위원장님을 뵐 때마다 항상 웃음 짓는 모습을 보면서 OK! SK!임을 느낍니다. 그리고 조합원 여러분들의 밝은 눈빛에서 HI! SK!구나 생각하였습니다. 여러분 모두 항상 OK 하시고 HI 하시면 좋겠습니다.

오늘 이 행사를 축하해 주시기 위해 많은 분들이 오셨는데, 모두가 노동조합과 오랜 인연을 맺어 오신 분이라 생각됩니다. 노조의 오랜 역사만큼 동고동락을 같이해 온 여러분들의 마음이 모여 이 자리가 더욱 빛나지 않나 생각해 봅니다. 저는 20.5.1. 부임하여 여러분과의 인연이 길지 않지만, 더 뜨겁고 굳건하게 인연을 맺어 가고자 합니다.

우리는 지금 참으로 어려운 시기를 지나고 있습니다. 국가적으로, 사회적으로, 지역적으로 힘든 나날을 견뎌내고 있습니다. 이런 미증유의 위기 순간에도 우리가 잊어서는 아니 되는 고용노동 문제의 시대적 과제가 있다고 생각합니다.

그 시대적 과제의 첫째는, 어려운 시기일수록 위기를 함께 극복하면서 일자리의 안정을 도모하는 것입니다. 일자리는 노동자의 삶의 터전이자 희망입니다. 둘째는, 힘들 때일수록 급한 마음을 다잡으면서 안전한 일터를 조성해 가야 합니다. 노동자의 생명이 그 어떤 가치보다 소중하기 때문입니다. 셋째는, 우리에게 놓인 사회적 격차를 해소해 가야 합니다. 원청과 협력 업체, 대기업과 중소기업, 정규직과 비정규직 상호 간의 격차를 줄여가야 합니다. 그 격차가 차별인지, 차이인지 논쟁할 수 있으나 그 격차를 좁혀 가는 것이 필요하다고 생각합니다.

이러한 고용노동 문제에 있어서의 시대적 정신을 가장 선도적으로 구현해 가고 있는 사업장이 저는 SK이노베이션이라 생각합니다. 경영자와 노동자 모두가 한마음 한뜻이 되었기에 가능했다고 생각합니다. 앞으로도 우리 앞에 놓인 시대정신을 실현하는 데 더 큰 역할을 해주시길 당부드리고, 그렇게 해주시리라 확신합니다.

오늘의 노조 정기대의원 대회를 다시 한번 축하드리고, 여러분 모두 항상 OK 하시고 HI 하시길 소망합니다.

감사합니다.

2020.06.30. 〈산업도시 울산의 첫 시작은〉

울산을 산업수도, 산업도시라고 한다. 울산이 산업의 도시로 성장한 그 출발점은 어디서부터일까? 조국 근대화를 위한 산업발전의 역사를 울산에서 확인할 수 있다. 산업수도의 연원을 따라 발자취를 밟아보며, 두 가지 내용을 소개하겠다.

① 삼양사: 울산 최초의 공장 설립(울산 매암동: 85년 울산 남구 매암동(행정구역), 2007년 야음장생포동으로 개칭)

　1955년 12월 1일 50톤 규모의 설탕을 생산하는 공장으로 울산광역시 남구 매암동 360번지[장생포로 285]에 완공되었다. 울산이 1962년 특정공업지구로 선정되기 이전에 중화학 공장으로 울산에 최초로 설립된 현대식 공장이라고 할 수 있다. 명촌동에 있는 현대자동차 울산공장은 단일 공장으로는 세계 최대 규모이고, SK에너지는 단일 정유소 규모로는 세계 최대 수준인 연간 90만 배럴을 생산한다. 1962년 공업특정지구로 결정되기 전에는 삼양사 울산공장을 비롯한 소수 식료품 공장들만이 입지하였을 뿐 주민의 대부분이 농·수산업에 종사하였다. 제1차 경제개발계획의 첫 사업으로 1962년에 공업특정지구로 결정되어 정유·비료·자동차·조선 등의 공업이 입지하여, 기간산업 기지로 급속히 변모함에 따라 1차 산업인구가 크게 감소한 반면 2·3차 산업인구가 급속히 증가하였고, 특히 공업인구가 가장 큰 비중을 차지하고 있다.

[네이버 지식백과]울산광역시의 산업 (두산백과)

② KEP(한국엔지니어링플라스틱 주식회사): 경제개발 5개년 계획
   이 시작된 곳

동아일보(15.12.22.) 53년 전 "울산공단 기공식 현장" 새 관광명소로

박정희 시삽장면-거수경례 사진 등 관광상품으로 재단장해 일
반 공개. 기업인-학생들 탐방코스로 인기

"4000년 빈곤의 역사를 씻고 민족 숙원의 부귀를 마련하기
위하여 우리는 이곳 울산을 찾아 신공업도시를 건설하기로 하
였습니다."

53년 전인 1962년 2월 3일 울산 앞바다가 훤히 보이는 울산
납도마을. 박정희 당시 국가재건최고회의 의장은 카랑카랑한 목
소리로 '울산공업센터기공식 치사문'을 읽어 내려갔다.

서동욱 울산 남구청장(왼쪽에서 네 번째)과 KEP 홍인기 공장장(왼쪽에서 세 번
째) 등 임직원들이 14일 울산 공업센터 기공식 포토존 제막 뒤에서 이야기를 나
누고 있다. 울산 남구 제공

울산은 이날의 기공식 이후 '산업수도'로 성장을 거듭하며 한국의 산업화를 선도하는 도시로 발전했다. 울산공업센터 기공식 장면을 빼고는 한국 경제 발전사를 설명할 수 없다고 경제학자들은 말한다. 치사문에는 '2차 산업의 우렁찬 건설의 수레소리가 동해를 진동하고 공업생산의 검은 연기가 대기 속에 뻗어나가는 그날엔 국가민족의 희망과 발전이 눈앞에 도래하였음을 알 수 있는 것입니다'라고 기록돼 있다. '공업입국'을 '환경보호'보다 우선순위에 뒀음을 알 수 있는 대목이다.

당시 기공식이 열렸던 장소는 지금의 울산 남구 매암동 한국엔지니어링플라스틱㈜(KEP)이다. KEP 기공식 현장이 관광상품으로 재단장돼 최근 일반에 개방됐다. 서동욱 울산 남구청장은 최근 KEP를 방문해 홍인기 공장장에게 감사패를 전달했다. KEP가 울산공업센터 기공식 현장을 기념하고 보존하기 위해 9월부터 3개월간 포토존을 설치하고 관광객들에게 개방했기 때문이다. 포토존에는 '한국공업입국 출발지 기념비'라는 비석과 함께 박 의장의 기공식 '첫 삽질'(시삽) 장면과 기공식을 마친 뒤 학생들의 환송 박수에 거수경례로 답하는 장면 사진 등이 새겨져 있다.

남구는 그동안 울산공업센터 기공식 현장을 개방하기 위해 KEP와 협의를 해왔다. KEP 측은 안전사고가 발생할 수 있다는 등의 이유로 개방이 어렵다는 입장을 밝혔지만 '울산공업센터 기공식 현장'이라는 의미를 살리기 위해 출입 허가를 받은 사람에 한해 개방하기로 했다.

당시 기공식에는 박 의장을 비롯해 주한 외교사절과 주한 유엔군 사령관 등 국내외 요인들이 총집결했다. 기공식 현장에 모인 울산시민이 3만여 명이었다고 대한뉴스는 보도했다. 당시 울산시민(8만 5,000명)의 35%가 기공식에 참석한 셈이다.

KEP 측은 '한국 공업의 발상지'를 보존하기 위해 공장을 확장하면서도 기공식 자리는 보존해 왔다. 서 구청장은 "울산공업센터 기공식 현장은 이제 경제협력개발기구(OECD) 회원국으로 발전한 상징적인 명소가 될 것"이라며 "기업인은 물론이고 학생들의 탐방 코스로 자리매김하고 인접한 장생포 고래문화특구와 함께 울산의 새로운 관광명소가 될 것"이라고 말했다.

정재락 기자 raks@donga.com

동아일보(17.8.31.) "울산공업센터 기공식"기념관 세운다

1962년 박정희 의장 치사문 읽었던 당시 건물 매입 내년까지 리모델링 창작공간 갖춰 새 관광명소 기대

1962년 2월 3일 열린 울산공업센터 기공식에서 박정희 당시 국가재건최고회의 의장(왼쪽)이 시삽을 하고 있다. 울산 남구는 이곳에 건립된 냉동창고를 리모델링해 '울산공업센터 기공식 기념관'을 설립한다. 울산시 제공

1962년 2월 3일 박정희 당시 국가재건최고회의 의장은 울산 앞바다가 바라다보이는 납도마을에서 카랑카랑한 목소리로 울산공업센터 기공식 치사문을 읽었다. "4000년 빈곤의 역사를 씻고 민족 숙원의 부귀를 마련하기 위해 우리는 이곳 울산을 찾아 신공업도시를 건설하기로 하였습니다."

울산은 이 기공식 이후 한국을 대표하는 공업도시로 성장해 산업수도로 불리게 됐다. 당시 기공식이 열렸던 곳은 현재 한국엔지니어링플라스틱㈜(KEP)이 자리 잡고 있다.

바로 이곳에 기념관이 들어선다. 울산 남구는 최근 매입한 KEP 냉동창고를 내년 12월까지 울산공업센터 기공식 기념관으로 리모델링한다고 29일 밝혔다.

1973년 지어져 지난해 폐쇄된 냉동창고는 59억 원을 들여 2,331m² 터에 지하 1층, 지상 6층, 연면적 6,200m² 규모로 리모델링한다. 남구는 29억 원에 건물과 부지를 사들여 정밀안전진단

울산공업센터 기공식 기념관이 들어설 울산 남구 옛 한국엔지니어링플라스틱 (KEP) 냉동창고. 울산 남구는 내년 12월까지 이 창고 1층에 울산공업센터 기념관을 설치한다. 울산 남구 제공

과 내진성능평가를 끝냈다. 냉동창고 앞에는 '한국 공업입국의 출발지'라는 비석과 사진이 전시돼 있다.

1층에는 기공식 기념관과 기념품점이 들어선다. 박 의장의 기공식 시삽(삽으로 처음 흙을 떼어내는 것) 장면과 학생들의 환송 박수에 거수경례로 답하는 사진을 포함해 관련 자료를 전시한다.

기공식에는 박 의장을 비롯해 주한 외교사절과 주한 유엔군 사령관, 국내외 주요 인사들이 참석했다.

당시 '대한뉴스'는 기공식 현장에 모인 울산시민이 3만여 명이라고 보도했다. 당시 8만 5,000명에 불과하던 울산 시민의 35%가 참석한 셈이다.

2~6층은 예술창작 공간으로 꾸민다. 2층에는 공연장과 연습실이 각각 2개, 3층에는 음악스튜디오와 음악연습실, 세미나실, 가상현실(VR) 체험실을 만든다.

4층에는 공예전시관과 미술전시관, 5층에는 예술창작소와 공용작업실, 6층에는 카페테리아와 드론 체험실이 들어선다.

그동안 창고 옥상이 사진 동호인 사이에서 울산석유화학공단과 배, 바다, 울산대교를 배경으로 한 일몰이나 야경 촬영의 명소로 알려진 점을 감안해 옥상은 사진 애호가들에게 무료 개방한다.

서동욱 남구청장은 "한국 경제 발전사에서 울산공업센터 기공식은 빼놓을 수 없는 중요한 장면"이라며 "그 현장에 지역 문화예술인의 창작공간을 겸하는 기념관이 지어지면 인접한 장생포 고래문화특구와 함께 울산의 새로운 관광명소가 될 것"이라고 말했다.

정재락 기자 raks@donga.com

그 이후 "울산공업센터 기공식 기념관" 설립 작업이 계속 진행되고 있다. 지역 언론사인 울산매일신문의 기사에 의하면 전시공간에 대한 설계용역이 마무리되는 등 본격적인 기념관 조성이 추진 중이다. 내년(2021년)이면 그 완성이 이루어질지 기대된다.

<그 후기, 2021.4.10>

산업도시인 울산에 내려 온지도 벌써 오랜시간이 지났는데, 아직까지 산업도시로 출발의 시작을 알렸던 그 현장을 가보지 못했다. 꼭 한번 직접 가 보고 역사의 순간을 기억해 보겠다는 다짐을 이루지 못해 아쉬움이 깊어간다. 이제 울산에서의 생활도 얼마 남지 않았는데 말이다.

<울산매일, 20.07.12.> 울산공업센터 기공식 기념관 조성 본격 추진
발파현장 체험 공간 및 공업역사 전시공간 마련해 생동감 있는 역사 전달

산업수도의 출발과 역사를 생생하게 느낄 수 있는 울산공업센터 기공식 기념관 조성이 본격 추진된다.

울산 남구는 지난 10일 '울산공업센터 기공식 기념관 전시설계용역' 최종보고회를 개최하고 내부 전시 주요내용 등을 확정했다. 우선 1962년 울산공업센터 특정공업지구 기공식 장소를 기념하고, 울산 공업역사 및 발전에 관한 전시공간을 연출한다. 특히 기공식의 시작을 알리는 발파의 순간을 체험하는 공간이 마련된다. 발파 버튼을 누르면 현장화면과 효과음을 통해 당시

상황을 생동감 있게 느낄 수 있도록 준비하고 있다.

또 1962년 이후 5개년 단위로 울산의 도시계획도와 경제개발 계획 등을 전시해 기간에 따른 울산의 변화 모습을 소개한다. 이 밖에도 산업수도 울산을 대표하는 상징물인 기공식 기념비, 공업탑 등을 소형 축소물로 제작해 공간별로 전시할 계획이다. 기념관은 A팩토리 2층 300㎡에 조성되며, 실내 연출을 위한 조명과 기념물 제작 등에 3억 3,000만 원이 투입된다.

남구 관계자는 "기본적인 외형 공사는 추진 중에 있으며, 8월부터는 전시물 제작 설치에 들어갈 계획"이라며 "내년 A팩토리 준공 시기에 맞춰 추진 중이지만 다소 늦어질 수도 있다"고 말했다.

박상아 기자

2020.07.01. 〈짧은 편지의 깊은 의미〉

어버이날을 맞아 항상 감사드립니다.
편지는 짧지만 마음은 길어요.

아이가 어버이날에 보내온 편지 문구이다. 초등학교 3학년 시절인 것으로 기억된다. 어버이날에 학교에서 부모님께 편지 쓰는 시간이 있었던 모양이다. 무슨 말로 부모님께 감사의 마음을 전할까? 하고 고민을 하다가 어렵게 적은 글이라 생각된다. 편지가 짧아 미안한 마음도 가졌으리라. 짧은 두 문장에 불과한 편지였지만 부모님에 대한 감사의 마음을 충분히 담고 있다고 느꼈다. 편지를 받아 읽어본 나는 아이의 마음을 깊이 알 수 있었다. 입가에 웃음도 나왔다. 아이가 많이 성장했구나! 하고 느꼈다. 그 편지를 지금 생각해 봐도 마음이 찡해진다.

상대에게 진정 어린 마음을 전하고자 할 때 화려한 문구나 수식어가 필요한 건 아니다. 소박한 글이라도 진심이 담긴 의미가 전달되어야 한다. 그러기 위해서는 상대방의 기분, 입장, 상황이 어떠한지 정확하게 알고 있어야 한다. 마음을 전하는 시점도 매우 중요하게 고려되어야 할 요소이다. 참으로 쉽지 않은 일이다.

"말 한마디로 천 냥 빚도 갚는다"는 말이 있다. 이처럼 한마디의 말이 위기의 상황에서 더욱 상대를 설득할 수 있는 힘을 가진다. 짧은 글이 상대에게 감동을 안겨주기도 한다. 상대의 마음을 갖는 방법에 있어서 많은 말이나 긴 글이 필요한 게 아니다.

2020.07.13. 〈긴급고용안정지원금 이야기〉

코로나19로 인해 피해가 극심한 계층에 대한 긴급고용안정지원금이 지급되고 있다. 긴급고용안정지원금은 고용보험 가입대상에서 제외되어 있는 자영업자, 특수고용형태종사자, 프리랜서, 무급휴직자를 대상으로 생계지원을 위해 3개월간 150만 원을 지급하는 사업으로 6월부터 신청서가 접수되었다. 100만 명이 넘는 대상에게 1조 5천억의 예산이 계상된 대규모 지원사업이다.

6월부터 7월 20일까지 신청서를 접수하여 지원금을 지급하는 단기 사업이기 때문에 당초에는 고용노동부의 지방관서 조직인 고용센터가 아닌 별도의 지급센터를 권역별(서울, 세종, 부산)로 설치하여 사업을 수행하는 것으로 설계되었다. 다만 고용센터는 신청자들을 대상으로 상담을 해주고 신청서 접수도 온라인으로 하도록 하였다. 7월부터는 고용센터에서 현장접수 하여 지급센터 전산망으로 서류를 이송토록 하고, 지원금 지급은 별도로 설치되어 운영되는 지급센터에서 처리하는 시스템이었다. 지급센터에 근무할 직원을 기간제로 많이 채용도 하였다.

6월 사업이 시작되자 온라인을 통해 신청서 접수가 폭증하였다. 소득 감소 등의 요건에 맞춰 증빙서류를 갖추어야 한다. 접수된 신청서의 지급 처리를 위한 검토가 지급센터에서 이루어지는데, 신청서가 초기에 집중되고 구비 서류의 보완 사항이 많아 지급을 위한 처리 속도가 더디게 진행되었다. 지원금 지급이 적시에 원활히 처리되지 않은 기간이 1달 가까이 계속된 것이다. 지급 요건이 까다로워서인지, 구비 서류가 명확하지 않아서인지, 지원금 지급에 상당한 시간들이 소요된다는 것이었다. 지원금 지급이 6월 말까지 원활히 되지 않자 신청서를 접수한 민원인들의 불만도 표출되기 시작하였다.

이런 상황에서 지방고용노동관서의 지원이 필요하다고 판단되어 긴급고용안정지원금의 신속한 지급을 위해 집중 처리기간을 6월 30일부터 7월 20일까지 3주간으로 설정하고 고용노동부 전 직원이 동참하면서 각 지방고용노동관서로 처리해야 할 할당량을 배정하였다. 기관장 책임하에 할당된 신청서 처리량을 집중 처리기간 내에 모두 마무리하라는 것이었다. 처리 방식은 ① 전 직원 균등 배분 후 처리, ② 지원금 처리를 위한 TF 운영 등을 제시하면서 기관 사정에 따라 선택할 수 있다는 것이었다.

고용노동부 울산지청은 11천여 건 이상으로 할당받았다. 간부들과 논의를 거쳐 처리업무의 효율성을 높이기 위해 부서마다 직원들을 조금씩 차출하여 집중처리 TF를 구성하였다. 고용관련 업무를 수행하는 부서는 불가피하게 전 공무원에게 균등 배분하는 것으로 운영하였다. 비고용 분야는 TF 운영, 고용 분야는 균등 배분이라는 혼합된 방식으로 추진한 것이다. 고용노동부 7천여 명의 전 직원이 긴급고용안정지원금 처리에 매달리게 되었다는 언론 기사도 있었다.

그렇게 시작된 긴급고용안정지원금 집중처리기간이 벌써 2주일이나 흘렀다. 전국적으로 지역마다 일부 차이는 있지만 상당한 업무 성과를 올리고 있다. 고용노동부 직원들이 주말도 반납하면서 업무 처리에 집중해 왔다는 반증이기도 하다. 울산지청도 지난 2주간 할당된 업무량의 60%를 처리하여 부산울산경남 권역에서 평균적인 처리 속도를 보이고 있다. 주말까지 출근하여 지원금을 처리하는 직원들의 헌신적인 노고 덕분이다.

울산지청 직원들이 참으로 대견하고 모두에게 감사하다고 전하고 싶다. 기존의 업무가 많음에도 불구하고 긴급고용안정지원금이라는 추가적인 업무를 맡아 묵묵히 수행해 주고 있기 때문이다. 야근도 하고, 주말도 사무실에서 시간을 보내며 생계가 어려운 자영업자, 특수고용형태종사자, 프리랜서, 무급휴직자에게 지원금을 지급하는 일에 매달리고 있다.

오늘부터 집중 처리기간의 마지막 1주일이 시작되었다. 남아 있는 신청서 처리량이 아직 많이 남아 있다. 하지만 울산지청 직원들은 마지막 결의를 다지고 있다. 1주일간 더 노력해서 완벽하게 일을 마무리 지을 수 있도록 하겠다는 것이다. 매우 감사한 일이다. 코로나19로 인해 수입이 급격하게 줄어들어 생계의 어려움을 갖는 계층을 위해 설계된 정부의 사업을 공무원으로서 책임감을 가지고 이행하겠다는 마음이 없다면 불가능한 일이다.

이렇게 열심히 일하고 있는 울산지청과 고용노동부 직원들의 노고를 국민 여러분들도 칭찬해 주었으면 좋겠다. 고용 문제와 관련하여 어려운 계층을 지원함에 있어 국민들 한가운데 고용노동부가 자리하고 있음을 꼭 기억해 주었으면 한다.

2020.07.20. 〈울산매일신문 29주년〉

　지역마다 지역 소식을 전하는 지역신문들이 다수 있다. 울산지역
도 울산 및 인근 지역의 주요 소식들을 상세하게 지역 주민에게 전
달하는 역할들을 지역신문들이 수행해 주고 있다. 울산지역에 근무
하면서 지역의 소식을 접할 수 있는 좋은 매개체가 되기도 한다. 지
역 정부기관 및 자치단체, 공공기관들은 지역 언론 매체를 통해 정
책을 알리고 소식을 전한다.

　울산지역 언론은 방송과 신문으로 구별할 수 있다. 울산MBC,
KBS울산, UBC울산방송 등이 있고, 신문은 경상일보, 울산매일신문
등 다양하게 있다. 지역 언론들은 영세하고 경영도 풍족하지 않다.
지역 기업 및 기관들의 광고 등이 코로나19에 따른 경기침체로 급
감하면서 더욱 사정이 어려워진 듯하다. 특히, 울산에 대규모 공장
이 많이 있지만, 본사는 수도권에 위치하면서 경영 및 홍보 등의 결
정권이 중앙단위에서 이루어지고, 수도권 중심으로 진행되어 더욱
아쉬움이 남는다는 의견들이 많다. 지역에 공장이 있어 생산이 이루
어지는 만큼 지역과 함께 호흡하는 경영 문화를 보다 강화해 주길
바래본다.

　지역 언론이 지역의 문제를 객관적으로 바라보면서 비판하고 옳
은 대안을 제시하기 위해서는 독립적인 역할을 할 수 있는 토대를
구축해 주어야 한다. 이를 위해 지자체와 지역 기관들이 신중히 고
민해 보아야 할 것이다.

　최근 지역신문 중의 하나인 울산매일신문에서 창간 29주년을 맞

아 축하 메시지를 부탁해 왔다. 지역 언론 발전에 보탬이 되기 위해 격려의 글을 적어보았다.

<모두가 힘내는 좋은 뉴스 보도해 달라>

울산매일신문 29주년을 진심으로 축하드립니다.

'92년 울산지역 발전의 기틀을 더욱 확고히 하고자 창간되어 오랜 세월 지역 정론지로 성장해 오심을 감사드립니다. 더욱이 울산 최초의 조간신문으로 출발하였다는 점에서 더욱 그 의미가 깊다고 생각됩니다. 최초를 넘어 최고의 신문으로 더욱 성장하리라 확신합니다.

우리는 코로나19로 인해 어려운 시기를 견뎌내고 있습니다. 지역 경제도 어렵고, 고용의 위기도 있습니다. 어려울 때일수록 지역 주민들의 결집된 힘을 모아 위기에 강한 울산이 되기 위해서는 지역 언론의 역할이 매우 중요합니다. 좋은 정보로 기업과 주민이 의지할 수 있고, 모두가 화합하는 모습을 발굴하여 모두가 더욱 힘을 낼 수 있도록 울산매일신문이 중심을 잡아주셨으면 합니다.

아무쪼록 29주년을 맞아 그간 노고를 아끼지 않으신 신문사 관계자 여러분께 축하의 말씀을 드립니다. 앞으로도 지역의 중심 언론으로 더욱 성장하도록 적극 응원하겠습니다.

고용노동부 울산지청장

김홍섭

2020.07.28. 〈점심시간에 직원이 만들어준 커피한잔〉

어젯밤 울산에 비가 많이 내렸다. 쉼 없이 밤새 내리고, 아침에도 내린다. 남부 지방에 호우가 집중된다고 예보되었는데, 밤새 피해가 없었으면 하는 바람이다. 장마철이라 폭우는 항상 경계의 대상이다. 요즈음은 특정 지역에 집중하여 폭우가 쏟아져 주민들의 가슴을 덜 컹거리게 한다.

아침 일을 마치고 점심시간이 되었다. 직장에 있는 구내식당에서 직원들과 식사를 같이 하며 담소를 나누었다. 식사 자리는 언제나 푸근하다. 업무를 잠시 잊고, 음식 맛을 느낄 수 있는 시간이다. 점심을 마치고 엘리베이터를 타고 집무실로 올라오다가 중간층에서 직원들과 같이 탑승하게 되었다. 직원들은 잠시의 휴식을 위해 커피를 만들어 마실 준비를 하고 직원휴게소로 이동 중이었다. 커피 내음이 좋았다. 커피를 즐겨 마시지 않는 나는 커피의 묘미를 잘 모른다. "커피 향이 좋네요!"라고 인사를 건넸다.

집무실에서 잠시 쉬고 있는데 노크 소리가 들렸다. 엘리베이터에 같이 탑승했던 직원이었다. 손에 커피 잔을 들고 와 "직접 만든 커피니까 마셔 보시라"고 하였다. 고맙다는 인사말을 하고 오랜만에 하얀 커피 잔을 앞에 놓게 되었다. 어찌나 정성스러워 보이는지 핸드폰 사진에 담아보았다. 한 모금 마신 이후 찍은 사진이다.

"커피 고마워요. 비가 내리는 날, 점심 식사 이후에 느껴보는 여유의 시간에 커피가 그 향기를 깊게 해주네요." 커피를 만들어 내게까지 가져다준 직원에게 진심으로 전하고 싶은 말이다. 우유를 살짝 띄

운 <caffe latte>인가?

요즘 직장인들에게 점심 식사 이후의 커피 한잔은 평범한 일상이다. 테이크아웃 커피 잔을 들고 거리를 오가는 사람들을 흔히 볼 수 있다. 각자에게 나름의 맛을 느끼는 시간이리라. 거리의 커피 가게는 점심시간에 가장 붐빈다. 앉을 자리가 없을 정도다. 모두에게 커피가 일상화되어 생기는 현상이다.

커피를 마시며 서로 나누는 대화, 주로 어떤 일들을 얘기할까? 그냥 평범한 일상을 얘기하더라도 커피 앞에서는 서로의 표정이 편하다. 붐비는 시간이 아닌 오후에 커피숍을 방문하는 것도 나름의 여유를 즐길 수 있는 방법이다. 거리를 오가는 사람들을 창밖으로 바라보며 나만의 시간을 느껴보자. 커피는 여유를 주고, 나만의 시간을 허용하는 고마운 친구다.

2020.07.30. 〈울산자동차산업 노사정 미래포럼〉

오늘 울산시장이 주관하는 "울산 자동차산업 노사정 미래 포럼" 출범식 행사에 다녀왔다. 최근 자동차산업은 IT산업의 발전과 환경 친화적 수요에 따라 내연기관 자동차에서 수소 자동차, 전기 자동차, 자율주행 자동차 등으로 급변하고 있다. 이러한 자동차산업 변화는 자동차를 움직이는 에너지원의 변화를 의미한다. 기존의 석유가 아니라 전기나 수소 등 새로운 에너지원을 통해 자동차 동력을 확보하는 것이다. 아울러, 디지털 사회가 가속화되면서 사람이 운전대를 잡고 운전하지 않아도 자동차 스스로 주행할 수 있도록 하는 새로운 기술도 접목이 된다. 자동차 스스로 운행되어 목적지를 찾아간다니 영화 속에나 나올 만한 이야기이다. 그러나 그게 현실에 다가와 있다는 것이 엄연한 사실이다.

<디지털화에 따른 자동차산업의 변화와 전망, 20.07.30., 어고노믹스 백승렬 대표> 발표 자료 중

파리기후협약으로 자동차산업의 변화
- 노르웨이와 네덜란드는 2025년부터 내연기관 자동차의 판매금지 추진
- 독일은 2030년 이후 내연기관 자동차의 생산 및 판매를 금지하는 법안을 검토
- 중국은 2030년까지 전기차 500만 대 보급 목표, 인도는 700만 대 목표
- 미국과 중국은 2018년부터 매년 2%씩 탄소 제로 차량 의무

화(2025년 16%)

→ * 독일 전기차 구매 보조금 2배 확대

* 테슬라 시가총액 2,072억 달러로 자동차 1위(도요타 2,019억 달러)

* 테슬라 시가총액은 미국 Big 3를 합한 금액의 2배

* 니콜라 모터스(수소트럭) 시가총액 300억 달러로 포드, FAC 젖혀

자동차산업의 급변은 세계적 추세로 이러한 경쟁에서 생존하기 위해서는 새로운 기술개발이 매우 중요하다. 아울러 새로운 산업 추세에 맞추어 일자리 형태도 변화되어야 한다. 내연기관차가 사라지게 되면 그동안 내연기관을 생산해 오던 인력은 일자리를 잃게 되는 상황이 발생한다. 자동차산업 생태계의 변화는 기술개발과 고용 등 다양한 문제를 가져오게 되는 것이다. 이러한 변화에 따른 위기의식을 공유하고, 위기를 새로운 기회로 전환시키기 위해 이해관계자들이 공동의 지혜를 마련하여 슬기롭게 대처하자는 데 주된 목적을 두고 마련된 포럼이다.

이 행사에는 울산시장, 울산시의회 의장, 민주노총 울산지역본부장, 현대자동차 사장과 노조 지부장, 협력업체 대표, 고용노동부 울산지청장 등이 모두 참석하였다. 참석자들은 축사 등의 말씀을 통해 한결같이 울산의 주력산업인 자동차산업의 발전을 위해서는 지금의 변화에 선제적으로 대응하여 울산의 경제와 일자리를 지켜야 한다고 뜻을 모았다. 이를 위한 공동 대응 방안도 모색하기로 하였다. 이러한 대응 방안은 이 포럼을 통해서 논의되고 마련될 예정이다.

외국의 자동차회사도 변화를 추구하고 있다. 미래의 자동차산업에

서 경쟁력 우위를 확보하기 위한 또 다른 경쟁이 이미 시작되었다. 아마도 수년 전부터 경쟁력이 시작되었고, 새로운 변화를 목전에 직면하게 되었다고 하는 것이 정확한 표현이다. 전기차 생산을 확대하고 있고, 전기차의 동력이 되는 배터리 기술개발과 충전소 사업에 주력하기도 한다. 또한, 기존의 순수한 자동차 제조를 뛰어넘어 모빌리티 서비스 업체로 변화하는 기업도 있고, 물류나 운송 서비스로부터 더 큰 이익을 창출하겠다는 기업도 있다.

이런 기술개발을 통한 자동차산업 변화와 관련하여 가장 우려되는 부분은 일자리 감소이다. 내연기관의 제조가 불필요하게 됨에 따라 내연기관을 만들고 있는 근로자들의 일자리가 없어진다. 그 규모가 전체 자동차산업 일자리의 상당 부문을 차지한다고 하여 그 우려가 더 크다. 반대로 내연기관을 대체하는 동력장치로 전기배터리 등의 전장품 수요는 증가할 것이므로 전장품 생산을 위한 분야에 새로운 일자리가 생길 수도 있다. 아울러, 자동차산업의 새로운 분야가 개척된다면 그에 따른 일자리도 창출될 수는 있다. 즉, 일자리가 감소하는 분야와 일자리가 새롭게 창출되는 분야가 동시에 있다는 것이다.

<미래차산업과 일자리 전망, 20.07.30., 산업연구원 선임연구위원 이항구> 발표 자료 중

일자리에 미치는 영향
- 전동화로 인한 고용 평가
   * FTI 컨설팅은 ACEA의 연구용역 보고서에서 부품업체가 생산하고 있는 부품의 38%, 완성차업체가 생산하고 있는

부품의 17%가 감소할 것으로 전망
- 독일 프라운호퍼는 2030년까지 EU 자동차제조업 부문에서
의 고용은 30만 6,000명이 감소할 것으로 예상
  * 이 중 27%인 84,000명이 전동화에 따른 직접적인 고용 감
  소이며, 22만 2,000명은 생산성 향상(자동화)에 따른 감소
  * 고용감소의 대부분은 내연기관 부문에서 발생하며, 신규
  고용은 대부분 전기차와 관련된 부문에서 발생
- AIE는 2030년까지 전동화가 약 20만 명의 고용을 창출할
것으로 전망
  * 이는 2030년에 전기차의 신차판매 비중이 35%에 이를 것
  에 근거해 추정. 신규 고용 중 57%는 충전기 설치, 운영
  과 유지관리에서 창출할 것으로 전망

자동차산업 변화에 따른 기술진보가 이루어진다 하더라도 산업 전체의 일자리 총량을 보전해 가는 논의는 매우 중요하다. 산업 변화에 따른 새로운 인력 수요도 준비하고, 재직자들의 생산성과 기술력을 높이는 직업훈련을 통해 새로운 기술자로 전업할 수 있도록 지원하는 것도 매우 중요한 과제이다. 그런 관점에서 포럼에 참석한 나는 일자리 문제를 담당하는 부처인 고용노동부 울산지청장의 자격으로 다음과 같은 부탁을 하였다.

<울산자동차산업 노사정 미래 포럼> 인사 말씀

내연기관을 넘어 수소와 전기를 활용하는 자동차, 자율주행 자동차 등이 가속화되는 자동차산업 변화에 직면하여 기대와 우려가 큽니다. 그러한 기대와 우려 속에서 저는 급속하게 다가

오는 자동차산업의 변화가 다음의 세 가지 방향에서 진행되도록 해야 한다고 생각됩니다. 첫째는 자동차산업 변화를 앞두고 대한민국 자동차회사와 기업들이 세계적 경쟁력을 보다 강화할 수 있도록 하여야 합니다. 둘째는 산업은 고용과 연동되기에 고용이 없는 산업의 변화가 아니라 고용이 있는 산업의 변화가 되어야 합니다. 내연기관차 생산이 서서히 감축됨에 따라 가장 우려스러운 것은 일자리의 감소입니다. 일자리 문제를 해결하는 자동차산업 변화가 되어야 합니다. 셋째는 큰 산업 변화에 대해 노사정의 협력과 상생의 토대 위에서 진행되어야 합니다. 오늘의 미래 포럼은 이러한 노사정의 협력을 열어가는 자리라 생각됩니다. 아무쪼록 오늘 출범하는 미래 포럼이 자동차산업을 더욱 발전시키고, 일자리의 문제도 해결하는 좋은 대안을 마련할 수 있기를 기대합니다.

자동차산업의 변화는 곧 일자리 문제와 연결된다. 특히, 자동차 내연기관과 관련 부품을 제조하는 중소 규모의 회사에 그 파급효과는 더 크다. 이러한 상황에 직면하여 현대자동차 노동조합은 조합원들의 고용안정을 최우선 과제로 제시하고 있다. 자동차산업의 생태계(원청과 협력업체 사이의 협업체계 등)를 잘 유지해야 한다는 의견도 많다. 자동차 내연기관 제조가 불필요해지면 내연기관 제조회사들의 일자리는 없어짐에 따라 회사의 업종을 전환하거나 근로자들의 타 직장 또는 타 산업 및 직종으로의 전환도 고민해야 한다.

현대자동차는 자동차산업의 변화에 직면하여 현재 연간 180만 대의 자동차 생산 대수 중에서 2025년까지 67만 대는 전기차 또는 수소차로 대체 생산할 계획이다. 이에 따라 전체 생산인력 가운데 내연기관을 생산하는 분야에 종사하는 인력 20~30% 정도의 일자리가 감소될 것으로 전망하고 있다. 또한 생산의 자동화 추진으로 인력 감소가 발생될 수도 있다. 다만, 이러한 인력 수요 감소가 있더라도 회사는 인위적인 구조조정을 하지 않겠다는 뜻을 피력하고 있다. 내연기관 자동차의 생산은 단계적으로 축소될 것이고, 현재의 근로자들 중에서 매년 정년으로 퇴직하는 사람들이 상당한 규모로 있기 때문에 인력의 자연 감소 부분으로 버텨 가겠다는 것이다. 다만, 이런 현실을 고려하면 당분간 근로자 신규 채용은 없거나 매우 소규모로 이루어질 가능성이 높다. 청년층이 취업할 수 있는 새로운 일자리의 여력은 없는 것이다.

보다 더 걱정스러운 것은 자동차 부품을 제조하는 협력회사의 일자리 문제이다. 내연기관을 제조하거나 이와 연관된 부품을 제조하는 기업들은 일거리가 없어진다. 그렇다고 새로운 부품의 수요가 증가하여 일자리가 신설되는 분야가 있을지도 불투명하고 그러한 업종을 전환해 가는 것도 쉬운 일이 아니다. 이러한 일자리의 영향을 받는 기업과 근로자는 얼마 정도나 될까? 이에 대한 정확한 예측도 하지 못하고 있는 실정이다.

이러한 현실 앞에서 자동차산업의 변화에 효과적으로 대응하기 위해서는 다음의 과제들이 중요하다. 먼저, ① 내연기관 자동차의 생산이 단계적으로 감축될 것을 전망하면서 인력 수요가 감소되는 분야와 새로운 인력 수요가 있는 분야를 정확히 진단하여야 한다.

이어서 ② 산업 변화에 따라 영향권에 들어오는 기업들과 업종들의 현재 인력 분포와 그 인원 등에 대해 정확한 실태조사를 실시하여야 한다. 아직 울산지역에서도 자동차산업에 대한 제대로 된 인력 및 기업 실태조사 자료가 없는 현실이 안타까울 뿐이다.

　다음으로는 ③ 일자리가 없어지는 근로자들을 대상으로 직업능력 개발훈련 등을 통해 전직 지원서비스를 제공하여야 한다. 이와 관련하여 이번 '자동차산업 변화에 따른 노사정 미래 포럼'에서 울산시장은 일거리가 없어지는 분야의 근로자들의 전직 지원과 새로운 일자리가 생기는 분야의 기술인력 양성을 위해 직업훈련기관의 인프라가 필요하다고 주장하였다. 이를 위해 고용노동부에서 "글로벌숙련기술진흥원"을 울산에 설립·운영하는 것을 적극 검토해 달라고 부탁하였다. 글로벌숙련기술진흥원은 현재 인천에 한 개소가 '13년에 건립되어 운영 중에 있다. 이 시설은 용접, IT, CAD, 기계, 자동차 등 분야에서 특성화고 등 학생들을 대상으로 대한민국 명장 등의 우수인력들이 숙련기술을 전수해 주는 시설이다. 울산시는 이와 유사한 기술훈련시설을 운영하고자 하는 것인데, 중소기업에 재직하고 있는 근로자들의 전직 훈련이나 새로운 기술 분야 양성훈련을 실시하여 자동차산업 변화로 일자리 영향을 받는 재직근로자뿐 아니라 특성화고 등에 재학 중인 학생들에게 기술교육도 실시해 보겠다는 것이다. 울산이 산업도시이고 자동차산업이 급변하면서 기술훈련의 수요가 급격히 증가하고 있기 때문에 지역적으로 꼭 필요하다는 입장이다.

　더불어 ④ 자동차산업의 변화가 가져오는 타 산업 분야로의 영향을 면밀히 분석하고 이에 대한 대응 방안도 고민하여야 한다. 전기자동차 생산이 가속화될 것으로 전망되면서 제2차 전지 또는 배터리 사업 분야가 각광을 받고 있다. 자율주행 자동차가 대중화되면 운수업 종사자, 대리운전 사업에 부정적 영향이 크게 있을 것이다.

이렇듯 자동차산업 변화에 따른 국가 경제적 차원의 과제에 대한 더 깊은 고민과 대책이 필요한 시점이다. 현대자동차 공장이 있는 울산지역만의 문제가 아니라 전국적인 대응책이 강구되어야 할 것이다.

<그 후기, 2021.3월>

자동차산업의 친환경차로의 전환을 맞아 기술개발과 함께 현장 인력의 일자리 문제도 대비책을 마련하여야 한다. 친환경차로의 전환은 내연기관차에서 사용되던 부품을 사라지게 만들고, 이로 인해 수많은 부품제조 일자리가 사라지게 되기 때문이다. 특히, 자동차제조 부품을 제공하는 중소기업에게 일자리 감소 영향이 더 심각하게 다가올 것으로 전망된다.

이러한 일자리 대책을 위해 울산시는 고용부가 공모한 일자리선제대응패키지 사업에 참여하여 사업수행자로 선정이 되었다. 국비로 연간 65억원이 지원되고, 5년간 사업을 지속적으로 추진할 수 있게 된 것이다. 자동차산업의 전환으로 인해 발생되는 지역의 일자리 문제를 선제적으로 해결할 수 있는 사업적, 재정적 기반을 구축하였다고 평가할 수 있다.

울산 「글로벌숙련기술진흥원」 설립 건의

□ 추진 배경

○ 울산지역은 자동차산업의 변화(내연기관차 → 전기 또는 수소차), 경제자유구역 및 게놈서비스산업 규제자유특구 지정 등으로 제조 인력 재편과 4차 산업인력 양성의 전문기술인력 수요 증가 전망

⇒ 산업변화 등에 따른 전문기술인력 수요에 선제적으로 대응하기 위해 지역에 특화된 전문기술인력 양성 기관 설립 필요

□ 글로벌숙련기술진흥원 설립[안]

○ **(사업기간)** 2021년~2023년< '21년 설계 및 착공,'23년 완공>

　* '21년도 사업예산 확보 필요

○ **(시설규모)** 부지 5,000평, 시설 4,000평(실습동, 기숙사 등)

　* 인천 글로벌숙련기술진흥원에 준함, 위치 미선정(부지는 울산시 제공)

○ **(훈련분야)** ①수소경제·바이오 등 4차 산업, ②자동차산업 변화에 따른 전직 업종(신규 수요 자동차 부품 등) 분야

　* 양성 및 재직자 전직훈련의 구체적 분야에 대해 추가적 검토 필요

○ **(훈련대상)** ①마이스터·특성화고 학생(양성), ②재직 근로자(전직)

　* 양성훈련 대상 인원, 자동차 부품회사 훈련수요 근로자 규모에 대해서는 추가적인 실태조사 필요

○ **(운영사업)** ①4차 산업 인력양성 프로그램, ②숙련기술 체험 캠프, ③중소기업 근로자 혁신역량기술 향상 및 전직 프로그램, ④국제기능올림픽 훈련장 등

○ **(사업 예산)** 46,000백만원<연간 운영비 연 50억 별도>

　*'21년 사업 설계비 10억, '22년 이후 건축비 450억

□ 울산지역 설립 필요성

○ **(신기술 산업인력 육성)** 울산은 '경제자유구역' 및 게놈서비스산업 규제자유특구 지정으로 수소경제와 바이오산업 선도, 자동차·조선·석유화학 산업의 집결지로 관련 산업이 4차 산업으로 재편

　- 미래 산업을 선도하는 신기술 수요와 관련한 인력양성을 통해 산업 현장과의 연계를 강화할 필요성 제기

○ **(미래 자동차산업 변화 대응)** 자동차 산업이 내연 기관 중심에서 친환경차 위주로 변화됨에 따라, 재직 근로자의 미래차 등으로의 업종 전환에 대한 전직 지원 필요성이 높음

　- 자동차 산업구조 변화에 선제적으로 대응하여 중소기업 근로자의 기술역량 향상을 통한 고용안정을 위해 숙련기술 인프라구축 필요

○ **(기술전수 수도권 집중 완화)** 숙련기술전수 참여인원이 수도권에 집중*되어 특성화고 학생 및 숙련기술이 필요한 산업현장 재직 근로자 등 훈련수요가 높은 영남권과의 격차 확대

　*'19년 숙련기술전수 참여인원 중 수도권 참여비율 55.8%, 영남권 12.4%

　- (영남권) 마이스터·특성화고 지역 분포 다수, 기술전수 참여도 저조

전국 마이스터고·특성화고 현황('19년)

구분	전국	수도권	영남권	충청권	호남·제주	강원권
학교수 (비율)	583 (100%)	212 (36.4%)	154 (26.4%)	79 (13.6%)	104 (17.8%)	34 (5.8%)
기술전수참여 (비율)	120 (100%)	49 (23.3%)	27 (17.9%)	16 (20.8%)	24 (24.5%)	4 (3.3%)

○ **(숙련기술전수 인프라 여건 우수)** ①영남권의 특성화고*가 수도권 다음으로 많고, ②지역 산업현장 전문가 인력풀**이 충분하여 양질의 숙련기술 전수과정 운영 가능

　* 154개고교, **울산 숙련기술인 249명, 국제기능올림픽 입상자 다수

제2장

울산을 깊이 이해하게 되었어요

2020.08.07. 〈울산 KBS 라디오 대담〉

울산KBS라디오 방송에서 인터뷰 요청이 있어 출연하였다. 울산지역에서 일하는 관계자들을 불러 지역의 현안 등을 들어보는 "울산 초대석, 사람과 세상"이라는 시간이다. 총 2부로 나누어지는데 1부는 업무 현안에 대해서, 2부는 개인 인생사에 대해서 진솔하게 얘기 나누는 프로그램으로 구성되었다. 개인 인생사에 대해서까지 논의해 보는 건 처음이어서 조금 낯설고 설렘이 있었다.

그 인터뷰를 위해 고심해서 답변을 적었다. 작성한 내용 중 중요한 부분들과 의미가 있다고 생각되는 내용을 아래에 기록해 본다. 방송은 제1부(주요 업무에 대한 논의)는 8.10.(월) 17:24분에, 제2부 (개인 인생사 이야기)는 8.11.(화) 17:24분에 방송되었다.

울산 초대석, 사람과 세상 - 김홍섭 고용노동부 울산지청장 제1부 〈업무 이야기〉

MC) 울산 초대석, 사람과 세상. 우리 이웃들의 진솔한 삶을 만나보는 시간입니다. 울산은 우리나라 최대의 산업도시이자 노동자의 도시인데요. 최근 코로나19 여파로 인해 울산지역의 경제가 어렵고 고용위기도 심각한 상황입니다. 고용노동부 울산지청 김홍섭 지청장을 만나, 지역의 고용노동 문제에 대한 다양한 이야기 나눠 보겠습니다. 김홍섭 지청장님, 어서 오세요~.

(편안하게 인사)

1) 네, 지난 5월 1일, 지청장으로 취임하시고 벌써 석 달 정도 지났습니다. 코로나19 사태라는 어려운 상황 속에서 취임된 거라, 어깨가 많이 무거웠을 텐데요. 지난 3개월, 어떻게 보내셨나요?

답) 5.1. 부임 이후 어느덧 100일을 지나는 시점입니다. 코로나19로 인한 경제위기, 고용위기 상황에서 산업도시이자 노동자도시인 울산에 부임하여 무거운 책임감을 느꼈습니다. 지난 100일간 울산을 알아가고, 지역 노사현안을 챙기고, 고용안정 조치 노력 등에 매진하면서 아주 바쁜 나날을 보내 왔습니다. 지난주는 잠시 휴식을 위해 휴가도 3일 다녀왔습니다. 울산에 계시는 노동자, 경영자, 시민들을 위해 앞으로도 더욱 노력해야겠다는 다짐도 가져봅니다.

2) 네, 코로나19로 인해서 울산의 주력산업을 포함해 전 업종별로 전례 없는 어려움을 겪고 있는데요. 이로 인해 울산의 산업 현장은 정확히 어떤 상황인가요?

답) 울산의 주력 산업인 자동차는 세계 자동차시장이 위축되면서 휴업을 반복하고 있고, 조선업은 수주절벽으로 일감이 부족하고, 석유화학업은 세계 유가하락으로 상반기 큰 경영적자를 보이고 있습니다. 이런 지역 경제 상황으로 울산의 고용 상황도 매우 어렵습니다.

6월 현재 울산 고용률은 62.5%에 불과하여 전국에서 최저 수준이고, 취업자 수도 전년 대비 2만 명 감소하였고, 실업률은 5.3%로 전국에서 가장 높은 수준입니다. 지역의 실업급여 신규 신청자 수도 상반기까지 21천 명에 이르러 작년보다 16% 이상 증가하였습니다.

3) 네, 전반적으로 정말 심각한 상황이네요. 그렇다면 지금 고용 부분에서 가장 심각한 사안은 뭔가요?

답) 근로자들이 느끼는 고용불안입니다. 경제위기가 지속되면서 일자리를 잃지 않을까 걱정하고 있고, 아울러 신규 채용도 급격히 위축되면서 일하고 싶어도 직장을 찾지 못하는 상황입니다. 특히, 청년층과 30대, 40대 취업자 감소가 뚜렷하게 나타나고 있습니다.

4) 네, 방금 말씀하셨듯이 코로나19 여파로 기업들의 생산과 투자가 줄어들면서 고용불안이 우려되고 있습니다. 이를 해소하기 위해 고용노동부 울산지청에서는 어떤 방안을 마련하고 있나요?

답) 정부는 일단 어려운 시기지만 기업들이 고용을 유지할 수 있도록 지원하고 있습니다. 휴업이나 휴직 등을 통해 고용유지를 하는 기업에 해당 비용의 90%까지 지원합니다. 울산지역도 상반기에 고용유지를 신청한 사업장이 14백 개에 이르고 있고, 고용노동부 울산지청은 상반기 중 91억 원을 기업에 지원하여 12천 명의 고용을 유지토록 하였습니다. 앞으로도 고용유지 노력을 하는 기업에 적극적 지원을 해 나가겠습니다.

그럼에도 불가피하게 실직을 한 근로자에게는 실업급여를 최소 4개월 이상 지급하여 생계를 지원하고 취업도 알선하고 있습니다. 매월 울산지역에 지급되는 실업급여액은 300억 원에 이르고 있습니다. 8월부터는 코로나19로 퇴직한 실업자를 채용하는 기업에 인건비를 월 100만 원

까지 지급합니다. 많은 기업이 실직으로 힘들어하는 구직
자를 채용하여 지원을 받을 수 있도록 하겠습니다.

5) 네, 기업과 실업자, 구직자들을 위한 다양한 방안이 마련
돼 있군요. 지난 6월 1일에는 특수형태근로종사자 등에게
생계비를 지원하는 '긴급 고용안정지원금 제도'가 시행됐
습니다. 지금 신청은 끝났지만, 초반에 지원금 지급이 오
래 걸리면서 신청자들의 불만이 있었는데요. 지금은 잘 처
리되었나요?

답) 고용보험 사각지대에 있던 특수형태고용종사자, 자영업자
등을 위한 긴급고용안정지원금 접수는 전국에서 176만
건에 이르렀습니다. 이의 조속히 지급을 위해 고용노동부
는 집중처리기간을 설정하고 전국의 모든 직원이 노력하
여 7월까지 110만여 건을 처리하였고, 8월에 신속히 지급
될 수 있도록 적극 노력하고 있습니다. 8월 말이면 모든
신청서 처리가 완료될 것입니다.

6) 네, 그럼 이달 안에는 다 처리가 된다는 거군요. 아직 기
다리고 있는 분이 있다면 조금만 더 기다리면 되겠습니다.
아까도 잠시 이야기했지만, 최근 울산은 20, 30대 청년들
의 취업난이 심각합니다. 일자리가 없어 울산은 청년층의
인구 유출이 지속되고 있는데요. 청년 취업난을 극복하기
위한 실질적인 대책이 있나요?

답) 말씀처럼 제일 심각한 청년 취업난 해소를 위해 정부는
다양한 청년취업 대책을 가지고 있습니다. 청년을 채용하

는 기업에 다양한 고용장려금을 지원하고 있고, 청년들의 강소기업 장기근속을 위해 청년내일채움공제사업도 진행하고 있습니다. 특히, 8월부터는 IT 활용 가능 직무에 청년을 채용할 경우 기업에 인건비를 매월 최대 180만 원까지 6개월간 지원하는 "청년 디지털 일자리 사업"을 시작합니다. 또한 청년을 단기 채용하여 일경험 기회를 제공하는 기업에도 인건비를 매월 최대 80만 원까지 6개월간 지원하는 "청년 일경험 지원사업"도 진행합니다. 울산에 있는 기업들의 하반기 신규 채용도 활성화되었으면 하는 바람입니다.

7) 네, 울산 동구 지역에 고용복지플러스센터를 추가적으로 설립해야 한다는 목소리가 있는데, 이 부분은 어떻게 생각하십니까?

답) 울산은 시민이 115만 명에 이르는 광역시이므로 주민 접근성 제고와 보다 밀착적인 고용서비스 제공을 위해 추가적인 고용센터를 설치해야 한다는 의견이 많은 것으로 알고 있습니다. 추가적인 고용센터 설치를 위해서는 대중교통을 이용한 소요 시간 등 다양한 요소가 고려되어야 합니다. 이러한 기준에 다소 미흡한 부분이 있는 것도 사실이지만, 그 가능성 여부를 지속적으로 검토해 보겠습니다.

MC) 네, 코로나19로 인한 위기 속에 울산의 고용 문제를 해결하기 위해 참 많이 고민하고 노력하고 있단 생각이 듭니다. 잠시 한숨 돌리고 얘기 계속 들어 보겠습니다.

8) 이번에는 지역 노사현안을 짚어 보겠습니다. 울산은 산업 체가 많아서 특히 노사 마찰이 많은데요. 현대차 노조의 경우, 여름휴가가 끝나고 8월 13일에 회사와 협상에 들어 가서 추석 전에 타결한다고 하죠?

답) 그렇습니다. 현대자동차는 19년도 교섭은 무분규로 타결 하여 노사협력의 좋은 계기를 마련한 바 있습니다. 금년 도는 7월에 노조가 단체교섭 요구안을 사측에 제시하였 습니다. 휴가 이후 노사 상견례를 시작으로 본격적인 협 상이 진행될 예정입니다.

코로나19로 인한 경제위기, 고용위기 상황이어서 교섭에 임하는 노와 사의 고민이 깊은 것으로 알고 있습니다. 미 증유의 위기 상황이므로 노사가 공동의 지혜를 마련할 것으로 기대하고 있고, 고용노동부 울산지청도 적극 지원 할 생각입니다.

9) 네, 그나마 현대차 노사의 교섭은 속도를 내고 있지만, 현 대중공업은 지지부진한 상황입니다. 노조는 파업과 교섭을 이어가고 있는데요. 이런 노사 갈등을 극복하기 위해서 어 떻게 할 계획이신가요?

답) 예. 현대중공업은 19년도 교섭도 아직 마무리하지 못한 상황입니다. 회사가 작년 물적 분할 과정을 거치면서 극 심한 갈등이 노사 간에 있었고, 그 과정에서 발생된 문제 가 주요 현안이 되면서 교섭의 진척이 더딘 상황입니다. 저는 5월 부임 이후 현대중공업을 여러 차례 방문하여 노사가 조금씩 양보를 하면서 대승적 해결책을 마련해 달라고 부탁하였고, 계속해서 현안에 대해 이견을 좁힐 수 있도록 노력할 계획입니다. 8월에는 19년 교섭을 마무리하여 새로운 출발을 할 수 있으리라 기대해 봅니다.

10) 네, 노사 교섭이 잘 마무리될 수 있길 바랍니다. 울산의 산업현장에서 산재사망사고 등 중대재해사고가 계속되고 있습니다. 최근에도 발생했었고요. 산업현장에서의 중대재해를 줄일 수 있는 대책이 있습니까?

답) 산업현장의 중대재해는 절대 간과할 수 없는 사안입니다. 상반기 울산지역 중대재해 건수는 15건으로 전년보다 다소 증가하였습니다. 재해 예방을 위한 엄격한 법 집행, 감독 강화, 기술 지원 등의 조치를 하겠습니다.
만약, 중대재해가 발생한 사업장에 대해서는 작업중지명령을 신속히 추진하고, 확실한 재해 예방 대책이 마련될 때까지는 작업중지명령을 해제하지 않겠습니다. 법 위반이 있었다면 이에 대한 처벌도 엄격히 하겠습니다.
아울러, 안전 문화가 지역에 정착될 수 있도록 기업 및 관련 기관과의 협의를 강화하고, 안전보건 관련 우수 정보나 사례를 공유하는 등의 노력도 강화하겠습니다.

11) 네, 그렇다면 근로자가 산업현장에서 사고를 당했을 때, 어떤 지원을 받을 수 있나요?

답) 산업재해에 대해서는 고용노동부 산하 공공기관인 근로복지공단에서 산재보상급여를 지급하고 있습니다. 근로복지공단은 지금 울산에 그 본부를 두고 있습니다. 산재급여 보상 외에 중증 장해로 직업 복귀가 어려운 산재노동자에게 맞춤형 재활 지원, 재취업을 위한 직업훈련 등의 서비스를 제공하여 다시 직장으로 돌아갈 수 있도록 지원하고 있고 더불어 트라우마 심리상담, 희망찾기 프로그램을 제공하여 신체 회복과 더불어 심리적인 치유까지 적극 지원하도록 하겠습니다.

12) 이런 산업재해를 예방하기 위해 고용노동부 울산지청에서는 2015년부터 매년 산업안전 골든벨 행사를 진행하고 있는데요. 이러한 행사로 인해 안전 중시 문화가 많이 정착됐나요?

답) 산업안전이 정착되기 위해서는 안전에 관한 기본 규정이나 수칙을 정확하게 숙지하고 잘 지키는 것이 매우 중요합니다. 산업안전 골든벨 행사는 안전에 대한 규정을 더욱 정확하고 확고하게 알아가는 좋은 장이 되었다고 생각합니다.

산업안전 골든벨 행사에 참여하는 기업들도 증가하고 있어 지역적 관심이 매우 높습니다. 보다 내실 있고 효과적인 행사가 되도록 하겠습니다.

13) 네, 이제 슬슬 마무리할 시간입니다. 내일 이 시간에는 김홍섭 지청장님의 진솔한 인생 이야기를 자세히 들어보도록 하고요. 오늘 다양한 이야기를 해봤는데, 어떠셨어요?

답) 5.1. 부임 이후 100일 되는 시점이라 오늘 방송 출연이 저의 100일 기념식 무대가 되었다고 생각되어 더욱 감사하게 생각합니다. 울산에서 근무하면서 울산에 계시는 노동자, 경영자, 시민께 힘이 되는 고용노동부가 되도록 매진하겠습니다.

14) 네, 취임 100일 축하드립니다.(^^) 앞으로 더 열심히 뛰어 주시길 바랍니다. 저희 프로그램은 신청곡으로 마무리를 하고 있는데요. 청취자분들과 같이 듣고 싶은 노래가 있을까요?

답) 제가 울산에 부임했을 때 첫눈에 들어왔던 것이 장미꽃입니다. 울산 전역에 장미가 활짝 피어 있었습니다. 알고 보니 울산시의 꽃이 장미였더군요. 울산의 장미가 저를 반겨 주었듯이 저도 울산에 사랑과 열정을 쏟아붓고 싶습니다. 그런 의미에서 제 신청곡은 박혜경의 "장미"입니다.

MC) 선곡해 주신 곡은 코너를 마무리하면서 함께 감상하겠습니다.

울산 초대석, 사람과 세상. 고용노동부 울산지청 김홍섭 지청장님과 함께 울산 고용노동 현안에 대한 다양한 이야기를 나눴습니다. 내일도 이어서 김홍섭 지청장의 인생 이야기가 펼쳐집니다. 오늘은 여기서 인사드리겠습니다. 나와 주셔서 감사합니다.

(네, 감사합니다.)

울산 초대석, 사람과 세상 - 김홍섭 고용노동부 울산지청장 제2부 <인생 이야기>

MC) 울산 초대석, 사람과 세상. 우리 이웃들의 진솔한 삶을 만나보는 시간입니다. 오늘은 어제에 이어서 고용노동부 울산지청의 김홍섭 지청장과 이야기를 나눠봅니다. 어서 오세요.

(인사) 안녕하세요.

1) 어제에 이어서 두 번째 시간입니다. 다시 한번, 청취자분들에게 인사를 부탁드리겠습니다.

답) 어제 모두 안녕하셨죠? 여러분 매일매일 행복하시기 바랍니다. 안녕하십니까? 오늘도 인사드립니다. 고용노동부 울산지청장 김홍섭입니다.

2) 오늘은 김홍섭 지청장님의 인생 이야기를 진솔하게 나눠보겠습니다. 지청장님 고향이 경남 거창이더라고요. 울산에서 가까운 동네에 사셨네요.(^^)

답) 그렇습니다. 울산에서 2시간 거리 안에 있는 경남 거창이 제 고향입니다.

제 개인적인 얘기를 드려 조금 쑥스러운데요. 저는 농부의 집에서 태어난 3남1녀 중 막내입니다. 시골에서 농사일 도우며 꿈을 키워왔던 시절들이 꽤 오래전의 일로 기억됩니다. 거창에서 고등학교까지 졸업을 하고 서울로 대학을 진학하면서 그 이후 계속해서 서울에서 지내왔고요.

물론 고향에 부모님이 계시므로 일 년에 5차례 정도는 부모님을 방문해 왔습니다. 직장 근무를 위해서는 2008년, 2010년 부산에서 생활했었고 이어 2020년 울산에 내려왔습니다.

3) 네, 고용노동부 울산지청장으로 취임하면서 울산에 오게 된 거군요. 그렇다면 청장님이 어렸을 때, 그 당시 거창의 모습은 어땠나요?

답) 제가 73년도 태어났기에 어린 시절은 산업화가 한창 진행되던 시기였습니다. 특히, 70년대부터 대한민국의 중화학공업이 집중 육성되었죠. 그런 시절이어서 농촌 지역은 특히 경제적으로나 문화적으로 풍족하지 않았습니다. 저의 집도 역시 그랬습니다.

80~90년대 대부분 시골 풍경은 비슷할 겁니다. 동네에서 초등학교를 중심으로 친구들과 산과 들로 다니며 놀고 하던 기억이 납니다. 초등, 중등을 같이 다닌 친구들이 동네에 몇 명 있었는데 다 도시로 나갔고, 그런 동네 친구들과 자주 못 본다는 게 좀 아쉽기는 합니다.

농한기가 되면 저의 아버님도 일을 찾아 울산 조선소까지 오셨다고 하더라고요. 그래서인지 울산의 조선업에 대한 낯섦이 없습니다. 최고의 기술로 세계 경쟁력을 가진 대한민국 조선업이 계속해서 번창했으면 하는 바람입니다.

4) 네, 울산과 인연이 있었군요.(^^) 그렇다면, 어린 시절 김홍섭 지청장님은 어떤 아이였을까 궁금한데요. 농촌에서 자

라 참 순수했을 것 같아요.(^^)

답) 저는 어린 시절 매우 순박한 시골 소년이었습니다. 선생
님 말씀을 잘 듣는 모범생이었죠. 학창 시절 상장도 많이
받았고, 장학금도 받아 공부에 전념할 수 있었습니다.
고등학교를 진학하면서 읍내에서 하숙을 하였는데, 5일마
다 시골 장이 서면 어머님이 장에 왔다가 저의 하숙집을
찾아와 청소, 빨래를 해주셨고, 하숙집 책상 위에다 용돈
을 놓고 가시던 기억이 납니다. 그런 손길이 너무 감사하
여 저는 공부를 열심히 했고 고등학교 등록금 면제를 받
는 장학생이 되었습니다.

5) 사랑하는 가족을 생각하며 더 열심히 공부를 하셨고, 장학
금까지 받았군요. 공부를 잘하셨으니까, 어렸을 때 꿈도
남달랐을 것 같아요.(^^)

답) 어릴 적 꿈은 의사가 되는 것이었습니다. 훌륭한 의사가
되어 부모님을 건강히 잘 보살피고 어려운 분들을 무료
로 치료해 주면 좋겠다는 순수한 꿈을 가졌었죠. 한때는
서울의 유명한 대학병원을 머릿속에 간직하며 열심히 공
부했던 기억도 납니다.

6) 네, 다른 사람을 위한 참 따뜻한 꿈을 꾸셨네요. 이력을
보니까, 성균관대 행정학과를 졸업하고 서울대 행정대학원
을 수료하셨고요. 1995년에 행정고시를 통해 공직 생활을
시작하셨습니다. 그렇다면 어떤 계기로 의사가 아닌, 공직
생활을 해야겠다고 생각하셨나요?

답) 인생 진로 결정에 중요한 시기는 고등학교였습니다. 인문계냐, 자연계냐를 고민할 때, 대한민국 산업화가 급격히 진행된 이후에는 사회문제가 또 다른 중요 이슈가 될 것이라 생각되었습니다. 그래서 사회문제에 관심을 가지기 시작했습니다.

또한, 그 당시 아버지는 시골 우편배달원으로 근무하고 계셨고, 짬짬이 농사도 같이 지었습니다. 어느 시점에 부모님은 형들이 공대를 진학했으니 막내아들은 공무원이 되면 좋겠다고 하셨지요. 이런저런 연유로 인문계를 선택하고 대학도 공무원이 되기 위한 전공으로 가게 되었습니다.

7) 네, 그렇다면 젊은 시절, 지청장님의 공직 생활은 어땠나요?
답) 1995년 행정고시를 합격하고 23세의 나이에 공직 생활을 시작했습니다. 군복무를 마치기 전이었기에 직장생활 자체가 인생공부였습니다. 1997년에는 국가가 외환위기를 맞게 되어 국가와 국민 전체가 힘든 시기였지요.

특히 노동부는 외환위기에 따른 실업대책을 수립하고 집행하느라, 노사갈등을 조정하느라 너무 바쁜 나날이었습니다. 젊은 시절 공직 생활은 매일 야근, 주말 출근 기억이 우선적으로 납니다.

모든 국민이 제2의 건국운동에 동참하여 어려운 시기를 극복했지요. 그 중심에는 공무원들이 있었다고 생각되고, "공직자의 역할이 국가 위기 때 더욱 중요하구나"라는 것을 깨달았습니다.

MC) 네, 사회문제에 관심을 갖게 된 한 소년이 지금은 사회 문제를 해결하기 위해 동분서주 노력하는 듬직한 어른이 됐습니다. 잠시 한숨 돌리고, 계속해서 이야기 나눠 보겠습니다.

8) 고용노동부 정보화기획팀장 시절부터 지금 고용노동부 울산지청장이 되기까지, 약 25년 이상, 고용과 노동에 대한 업무를 해 오셨습니다. 참 많은 일들이 있었을 것 같은데, 기억에 남는 에피소드가 있을까요?

답) 2001년부터 3년간 중동에 있는 사우디아라비아의 한국 대사관에 노무관으로 파견을 갔었습니다. 중동건설 붐이 있었던 70년, 80년대에 한국 건설회사와 근로자들이 사우디에 진출하여 일을 하시고 돌아오신 분들이 많았습니다. 그분들이 사우디 정부에 납부했던 사회보험료를 환불해 주는 작업이 주요 업무 중 하나였습니다.

외환위기 이후 외환보유액도 중요했고, 근로자들의 생활도 어려운 상황이었기에 사우디 정부로부터 사회보험료를 환불받아 우리 근로자들에게 돌려주는 것이 매우 의미가 있었습니다. 제가 3년간 환불해 주었던 금액이 700만 불을 넘었던 것으로 기억됩니다.

9) 그리고 지청장님은 서울지방고용노동청 서울서부지청장도 역임하셨는데요. 울산과 어떤 차이가 있나요?

답) 서울지역은 사무실이 많고 서비스업 중심입니다. 기업의 본사들이 많기 때문에서 현장을 직접 느껴보기에는 한계가 있습니다. 울산은 생산현장 중심이기에 더 역동성을 느낍니다. 현장에서 직접 바라보는 노동자들의 고충과 경영자분들의 애환을 잘 알게 되어, 그분들에게 도움이 되는 고용노동부 울산지청이 되어야겠다고 다짐하고 있습니다.

10) 네, 이야기를 듣다 보니 지청장님은 하루 24시간이 모자라겠단 생각이 들어요. 항상 바쁘게 살다 보니, 가족들에 대한 애틋한 마음도 많겠어요.

답) 네, 일한다는 핑계로 자녀들에게, 가족에게 더 따뜻하게 해주지 못한 부분이 많았습니다. 업무에 매달리면 집에 있어도 직장 일이 계속 머리를 떠나지 않더군요. 아마 직장 생활 하시는 분들은 다 그런 경험이 있으실 겁니다.
공자 말씀에 近者悅(근자열) 遠者來(원자래)라는 말이 있습니다. 가까이 있는 사람은 기쁘게 하고 멀리 있는 사람은 찾아오게 하는 것이 정치의 기본이라는 의미입니다.
저는 가까이에 있는 가족에게 더 큰 기쁨을 주지 못한 것 같아 정치에 소질이 없나 봅니다.

11) 네, 맞아요. 일한다고 바빠서 정작 소중한 가족에겐 신경을 못 써줄 때가 많죠. 사람 사는 게 다 똑같단 생각이 드네요. 아까 잠깐 이야기했지만, 울산에는 고용노동부 울산지청장으로 취임하면서 오게 된 거죠?

답) 네, 울산 근무와 생활은 처음입니다. 울산지역이 큰 사업체가 많고, 노동운동의 핵심 지역이고 해서 현장 노사관계를 다루어본 경험이 많은 저에게 울산지역 고용노동 문제를 맡기신 것 같습니다.

12) 네, 울산에 살아보니까 어떠신지 궁금해요.(^^)

답) 울산 첫 느낌은 붉은 장미였습니다. 장미처럼 울산지역에서 좋은 향기와 사랑을 여러분들과 같이 나누고 싶습니다. 또한, 산업도시임에도 매우 환경이 깨끗하다고 느꼈습니다. 아울러, 노동자의 도시인 만큼 인간미가 있는 도시라고 느끼고 있습니다.

12-1) 특별히 자주 가는 울산의 장소도 있나요?

답) 특별히 가는 장소는 저의 사무실과 관사가 울산대공원 옆에 있어서 대공원을 가끔 걷습니다. 대공원의 푸르름과 정겨움을 항시 느끼며 생활합니다. 울산대공원은 100만 평이 넘는 넓은 지역이고, SK라는 기업에서 기부한 것으로 들었는데, 울산 시민의 좋은 안식처가 되는 곳이더군요.

13) 네, 울산대공원 참 좋죠.(^^) 이제 울산의 다른 명소들도 차근차근 알아가시면 울산의 매력에 푹 빠지게 될 겁니다. 앞으로 지청장님의 개인적인 꿈은 어떻게 되나요?

답) 공직자로 벌써 25년째 살아왔고, 앞으로도 계속 그러할 것입니다. 공직자로서 사회와 국가에 조금이나마 기여를 할 수 있어 행복하게 생각합니다.
저의 작은 노력이 보탬이 되어서 국가가 안정적으로 발전되고, 노동자를 비롯한 국민들이 더욱 행복해지는 세상이 된다면 그것으로 저의 소임을 다했다고 생각합니다.
개인적인 꿈이라면, 자식으로서, 남편으로서, 아버지로서, 사회 동료로서 제 가족과 이웃들에게 역할을 다하는 생활이 되도록 노력하는 것입니다.

14) 1인 다역을 하느라 바쁘겠지만, 모든 역할에 최선을 다하고 계십니다. 이제 슬슬 마무리할 시간인데, 청취자분들과 같이 듣고 싶은 노래가 있다면요?

답) 요즘 코로나19 영향으로 모두가 어려운 시기를 견뎌내고 있습니다. 이럴 때일수록 서로에게 힘이 되어 주는 친구가 있으면 더욱 좋지 않을까 하는 생각에서 안재욱의 "친구"를 신청하고 싶습니다.

15) 네, 코너 마무리하면서 꼭 들어 보겠습니다. 마지막으로 오늘 함께하면서 느낀 점이나, 시민들에게 꼭 드리고 싶은 말씀이 있다면요?

답) 개인 인생 이야기를 방송에서 처음 해봅니다. 제 삶을 돌아보는 추억의 시간이었던 것 같습니다. 새로운 다짐도 해보는 시간이었습니다. 울산에서 근무를 하고 있는 만큼, 울산을 더 잘 알고 싶습니다. 그리고 울산에 계시는 모든 기업과 노동자, 시민들에게 도움이 되는 역할을 꼭 하고 싶습니다. 고용노동과 관련하여 어려운 일이 있으면 언제든지 찾아주시면 감사하겠습니다.
울산에 계시는 모든 분들이 더욱 행복해지길 소망합니다.

MC) 네, 울산 초대석, 사람과 세상. 오늘은 고용노동부 울산 지청 김홍섭 지청장의 지나온 삶을 함께 되돌아봤습니다. 오늘 진솔한 말씀 감사합니다.

2020.08.13. 〈행복의 3요소〉

우리가 살아가면서 추구하는 가치는 다양하다. 경제적 부를 통해 풍요로운 삶을 원하고, 남들보다 더 높은 지위에서 권력을 누리며 자존감을 고양하고 싶어 한다. 또, 다른 사람들이 나를 우러러봐 주길 원하고, 가족 또는 지인과 네트워크를 형성하며 즐거운 시간들을 보내길 원한다. 그것들의 귀결점을 생각해 보면 "행복"이란 단어일 것이다.

우리 헌법에도 제2장(국민의 권리와 의무) 제10조에서 모든 국민의 인간존엄성과 행복추구권을 규정하고 있다. 아울러 개인이 가지는 이러한 불가침적인 기본적 인권을 보장할 의무를 국가에 부여하고 있다. 이처럼 행복은 개인이 추구할 권리인 것이다.

> 헌법 제10조 "모든 국민은 인간으로서의 존엄과 가치를 가지며, 행복을 추구할 권리를 가진다. 국가는 개인이 가지는 불가침의 기본적 인권을 확인하고 이를 보장할 의무를 진다."

그렇다면, 이러한 행복추구권을 누릴 수 있게 하기 위해서는 어떤 조건이 갖추어져야 할까? 여기에 세계, 국가, 사회, 가족, 개인 등의 고민이 있는 것이다. 행복은 그냥 주어지는 것은 아니다. 모든 개인이 추구해서 얻을 수 있는 권리인 것이다. 이를 위해 국가가 법률, 제도, 정책 등을 통해 역할을 해야 한다.

아래에서는 행복이 보장되기 위해 가장 필요한 기본적 과제 3가지를 제시해 본다. 국가적 안보(安保), 사회적 안정(安定), 개인적 안전(安全)이라고 정리할 수 있고, 이를 "3安 프로젝트"라 할 수 있겠다. 아울러 안보, 안정, 안전을 영어로 번역해 보면 "3S(Security, Stability, Safety) 미션"이라고도 부를 수 있다.

행복의 3요소

1. <국가>안보(National Security)
   - 군사 측면을 넘어 사이버, 방역까지
   - 자원 등의 외교 전쟁
2. <사회>안정(Social Stability)
   - 경제: 저성장, 세계 경제 시대
   - 고용: 사회안전망
   - 이념과 가치의 혼란, 불확실성 가중
3. <개인>안전(Personal Safety)
   - 일터: 작업 현장
   - 생활: 교통, 치안

이 내용은 화학물질을 취급하여 공장을 운영하고 있는 공장장들의 모임인 화학네트워크포럼(20년 7월, 울산 문수컨벤션) 자리에서 산업안전을 말하면서 제시했던 글이다. 산업안전이 인간이 가지는 행복추구권의 매우 중요한 요소 중의 하나임을 강조한 것이다.

그 내용을 하나하나 살펴보면 다음과 같다. 첫째, 대한민국의 국민이 행복을 추구할 수 있기 위해서는 국가안보가 이루어져서 국민의 생명과 재산을 지킬 수 있어야 한다. 우리나라는 세계에서 유일한 분단국가로 남아 있고, 여전히 남북 갈등이 상존하는 나라이다.

최근에는 북한의 핵개발과 관련하여 국제적 이슈로 부각이 되었다. 우리 정부는 북한과 관련된 국가안보를 어떻게 확보할 것인가에 대해 고심을 거듭하고 있다. 정부마다 대응 전략이 일부 상이하지만 안보의 중요성은 모두 동일하게 인식하고 있을 것이라 믿는다.

둘째, 사회적 안정이 이루어져야 한다. 무엇보다 경제적 안정이 이루어져 기업활동이나 소비활동 등의 경제적 활동이 정상적으로 이루어질 수 있어야 한다. 치열한 세계경쟁 시대이고, 저성장이 상시화된 여건에서 경제가 안정되게 성장할 수 있어야 한다. 경제안정이 이루어져야 고용의 안정도 이루어질 수 있고, 경제가 조금 불안정할 때는 사회안전망을 통해 고용불안에 대응할 수 있어야 한다. 고용이 안정되어야 근로를 통한 수입으로 경제생활이 가능하므로 가정의 안녕과 안정도 이룰 수 있다. 아울러 이념과 가치가 혼란스럽고 불확실성이 가중되는 사회의 안정을 이루어 가는 것도 매우 중요한 이슈가 되었다.

셋째, 개인이 경제활동을 하거나 사회생활을 하면서 안전을 담보할 수 있어야 한다. 일하는 현장에서의 산업안전이 보장되어야 하고, 교통의 안전, 식품안전 등도 매우 중요하다. 신체적 안전이 선행되어야 더 높은 행복의 가치를 추구할 수 있기 때문이다. 우리나라는 여전히 산업재해율이 높다. 이동의 중요 수단인 자동차는 많은 편의를 주고 있지만 많은 사고도 동반하기에 교통안전 문화 확산에 노력해야 한다. 아울러, 식생활의 기본이 되는 식품에 대해서도 철저한 관리가 필요하다.

이렇듯 행복을 추구함에 있어 토대가 되는 "3安 프로젝트"에 더욱 철저한 추진이 있어야 한다. 특히, 사회적 취약 계층이라 불리는 사람들에게는 더욱 중요한 가치이다. 국가와 사회가 더 관심을 가지고 보호해야 할 대상이기 때문이다.

정부조직의 한 부처인 고용노동부는 고용안정과 일터 안전에 중요한 역할을 담당하고 있다. 어떻게 보면 일자리 문제가 사회문제의 핵심이라 할 수 있다. 개인은 사회생활을 위해 직업을 선택하고 직업을 통해 삶의 토대를 이루고 가치관을 실현해 갈 수 있기 때문이다. 이러한 삶의 기초가 되는 일자리를 가질 수 있어야 하고, 그 일자리에서 안전이 담보되어야 하며, 보다 좋은 근로 여건에서 일할 수 있도록 하여야 하고, 근로에 따른 보수도 합당하게 보장받을 수 있어야 한다.

4대 사회보험 중에 고용보험과 산재보험은 직장에서의 고용에 대한 사회적 안전망과 개인 안전을 확보하는 매우 중요한 수단이다. 고용보험의 대상 범위를 넓혀서 실직에 따른 생계 지원과 재취업의 기회를 확충할 수 있도록 해야 할 필요성이 있다. 개인사업자 등록을 하면서 근로하는 사람들, 자영업자, 새롭게 직장 생활을 준비하고 있는 구직자 등에 대한 고용보험 가입을 확대하자는 것이 최근 논의되고 있는 '전 국민의 고용보험 가입' 이슈이다.

2020.08.24. 〈지방자치제도의 발전〉

지방자치제도가 도입[7]된 이후 어느덧 오랜 세월이 흘렀다. 풀뿌리 민주주의를 구현하고 지역의 문제는 지역 주민들이 스스로 주체가 되어 해결해 가고, 지역 주민 밀착형 지역 발전을 이루어 간다는 차원에서 시작된 지방자치제도가 잘 정착되어 가고 있는 측면이 많다고 생각된다. 광역과 기초단위 지자체에 지방의회가 구성되어 지역 의원이 선출되고, 광역 및 기초 지자체장이 선거로 취임하면서 지역 단위로 보다 주민에게 다가서는 정책들을 많이 추진하고 있다. 특히, 광역 단위 지방자치단체는 작은 정부로서 그 역할이 더 중요해지고 있다.

울산은 인구 116만 명에 이르는 광역시이다. 1962년 최초로 공업단지가 조성되면서 대한민국 산업화의 표본이 되는 경제개발5개년계획이 시작된 산업도시의 위상을 가지고 있다. 산업 중심 도시가 되면서 일자리를 찾아 전국에서 모여든 근로자들이 근무하는 도시이기도 하다. 조국 근대화가 추진되면서 60년대 이후 명실상부한 대한민국의 산업화 중심 도시로 자리매김하였다.

현재에도 울산은 대한민국을 대표하는 산업의 공장들이 가동되고 있다. 자동차산업의 현대자동차 공장, 조선산업의 현대중공업과 현대미포조선 현장, 석유화학산업[8]의 SK이노베이션 · S-oil · 한화솔류션 등, 비철금속산업에 고려아연 등 국가 산업을 대표하는 공장들이 있

---

7) 1991년 지방의회 구성, 1995년 기초, 광역의회 및 지방자치단체장 동시선거.
8) 대표적인 석유화학산업단지: 울산석유화학단지, 온산단지, 용연단지, 여천단지.

다. 이 외에도 크고 작은 수많은 공장들이 위치해 있다. 원자력발전을 위한 신고리 5호·6호기 건설도 진행 중에 있다.

최근 코로나19 감염 문제가 발생하면서 지자체들의 방역 활동도 강화되고 있다. 지역별로 경쟁하듯이 행정명령을 발동하기도 한다. 마스크 의무착용, 유흥업소 등 밀집시설 영업제재, 교회의 집합예배 금지 등 다양한 조치들이 시행되고 있다. 지자체장들의 방역 활동에 임하는 자세들도 모두 각양각색이다. 지역별 코로나19 감염 실태가 다르기 때문에 각 지역별로 필요한 조치를 내리는 것은 당연하다. 지역 주민의 감염을 최소화하고 방역의 성과를 얻기 위한 노력들에 모두 공감할 수도 있다. 선거를 통해 당선된 지자체장들의 지역밀착형 대책이다.

아울러, 코로나19에 따른 지역 경기 위축, 고용 상황 악화 등의 상황에 직면하여 지자체들도 발 벗도 대책을 강구하고 있다. 경제 회복을 위한 긴급재난지원금 지급, 포스트 코로나 시대를 대비하는 지역별 뉴딜정책 등이 그것이다. 중앙정부의 일률적이고 통일된 전 국적 대책도 매우 중요하지만, 지역 여건에 따라 지역의 특화산업을 육성하고 지역 일자리를 지키기 위한 방안들도 필요하다. 이러한 지 역별 대책 강구는 지자체 간 경쟁을 촉진하고 창의적인 대안을 제 시하는 데도 기여하고 있다.

울산시도 지역 경제 회복을 위한 조치와 아울러 고용불안 해소를 위해 지역 일자리를 지키기 위한 노력에도 집중하고 있다. 울산시장 이 주체가 되어 노동계(민노, 한노가 함께 참여), 경영계(지역 경총과 상공회의소), 정부기관, 민간 유관기관 등이 참여하는 '울산 일자 리지키기 협약 선언문'을 체결(20년 6월)하였다. 이러한 일자리지키기 협약에 참여하는 기업에 대해서는 근로자의 고용을 6개월간 유지토록 의무를 부여하면서, 고용노동부가 지원하는 고용유지지원금 외에 울산시 예산으로 경영안정자금 대부·지방세 납부 유예 등의 지원을 제시하였다. 이에 참여한 기업은 고용유지를 위한 다양한 조치를 강구하면서 경영에 도움이 되는 지원제도도 활용하고 있다. 사업 시작 이후 약3개월이 지난 현재 많은 중소기업들이 참여하고 있다. 앞으로도 많은 중소기업들이 동참할 수 있도록 적극 안내할 계획이다.

지방자치제도 시행의 시작은 지자체장과 지방의회 의원을 지역주민이 선거를 통해 선출하는 것에서 비롯된다. 지역 주민의 공감대를 얻고 지역의 경제발전과 일자리 창출, 지역주민의 안전과 삶의 질을 개선시킬 수 있는 비전을 가진 훌륭한 사람이 많이 선출되어야 할 것이다. 지방자치제도가 다양한 국가적 현안과 지역적 과제를 해결해 가는 데 보다 신속하고 철저하게 대응해 가는 행정시스템으로 정착되고 있다는 것에 대해 그 가치를 부여할 수 있겠다.

2020.09.01. 〈직원 생일에 보내는 손편지〉

 9월이 시작되었기에 "이제 가을에 접어들었구나" 하고 생각해 본다. 햇살은 따스한데 밤낮으로 불어오는 바람도 어느덧 뜨거움을 벗어버리고 땀을 식히는 시원함을 느끼게 한다. 이러한 가을을 생각하면 떠오르는 노래, 입가에 저절로 읊어지는 노래가 있다. "가을엔 편지를 하겠어요"라는 가사의 노래, 이 노래는 시인 고은의 시(가을 편지)를 토대로 만들어졌다.

가을 편지
고은

가을엔 편지를 하겠어요
누구라도 그대가 되어 받아주세요
낙엽이 쌓이는 날
외로운 여자가 아름다워요

가을엔 편지를 하겠어요
누구라도 그대가 되어 받아주세요
낙엽이 흩어진 날
모르는 여자가 아름다워요

가을엔 편지를 하겠어요
모든 것을 헤매인 마음 보내드려요
낙엽이 사라진 날
헤매인 여자가 아름다워요

편지가 낯선 세상이 되었다. 어릴 적에는 그래도 가끔씩 편지를 손으로 직접 써서 보내기도 했었는데, 이제 그런 낭만은 사라져 버렸다. 오랜 추억 속의 일일 뿐이다. 사춘기 시절 첫사랑 연인에게 마음을 고백하고 나누던 편지들이 기억난다. 지금 생각해 보면 조금 유치한 측면도 있었다. 그 편지들을 그 사람은 보관하고 있을까? 나는 그 첫사랑 여인을 잊어버리던 날 모두 태워버렸다. 아직 성숙하지 못한 젊은 날에 품었던 자존심의 발로였던가? 그 편지들이 인생의 큰 추억이 되리라는 걸 왜 몰랐을까? 아쉽기만 하다. 물론 지금 같이 가정을 꾸린 여인이 알게 되면 안 되는 일이기에 오히려 가슴속에만 묻어두는 것이 더 현명한 선택이었을지도 모른다.

울산에 내려와 기관장으로 일을 하게 되면서 직원들을 위해 기관장으로서 어떤 일을 할 수 있을까? 고민하던 끝에 직원들의 생일날에 손으로 직접 쓴 조그만 카드를 보내 주기로 결심하였다. 일 년에 한 번 맞이하는 생일은 각자에게 소중한 날이므로, 이날에 몇 마디라도 따뜻한 마음을 담아 축하해 준다면 자그마한 기쁨이 되지 않을까 하는 생각에 시작하게 되었다. 금년 9월에 생일을 맞는 직원들 명부를 받아 직원 한 명마다 이름을 적고, 조그만 카드를 글로 채웠다. 무슨 얘기를 적어 주어야 더 기쁨이 될까 고민하고 고민하면서 마음을 담아 넣었다. 10여 명 이상이 가을이 시작되는 9월에 생일을 맞는다.

이 가을, 하늘은 맑고 높기만 하다. 바라만 보아도 푸르른 마음을 담을 수 있다. 가을에 태어난 사람들은 이 가을처럼 푸르르고 맑을 것이다. 그런 직원들이 내가 직접 손으로 쓴 조그만 카드를 받고 더없이 행복했으면 좋겠다. 잠시나마 생일을 기념하고 잊혀 가는 손글씨, 가을 편지를 기억할 수 있으면 더 좋겠다.

2020.09.05. 〈코로나에 빼앗긴 자유〉

 코로나19 감염이 재확산되면서 감염 확산의 방지를 위해 사회적 거리두기가 2단계로 격상되고, 감염자가 많이 나오는 수도권은 3단계의 예비 단계인 2.5단계로 유지되고 있다. 공공기관, 기업 등의 방역 활동이 강화되고, 지자체도 비상 대응을 하고 있다. 주민들도 각자 위생을 강화하는 방법으로 감염 예방에 노력하고 있다. 감염병이 이렇게 무서운 줄 이번에 절실히 느끼고 있다.
 사회적 거리두기 단계가 높은 수준을 유지하면서 업무적·개인적 활동이 많이 위축되었다. 공적인 업무와 사적 모임도 자제하면서 혼자 또는 소규모로 식사 또는 모임을 갖게 되고, 집에 머무르는 시간도 늘어났다. 감염이 재확산되고, 감염의 경로를 확인할 수 없는 사례가 증가하면서 다른 사람을 만나는 것 자체가 약간 두렵기도 하다. 감염이 확인될 경우 역학조사를 통해 동선을 확인하고, 밀접접촉자 등을 파악하게 되면서 개인별 동선 공개에 대한 걱정도 있고, 확진자들의 동선을 알려주는 지자체에서 보내주는 안전 안내 문자를 받을 때마다 혹시 나도 그 장소를 방문한 건 아닌지 유심히 살피게 된다. 어쩌면 불안한 상황에서 하루하루를 보내고 있는지도 모른다.
 이 시대를 가장 불안하게 만들고, 사람들의 마음을 위축시키는 주범이 다름 아닌 바이러스 감염이다. 개인들의 자유를 빼앗아 갔다. 전쟁도 아니고, 자연재난도 아닌 눈에 보이지 않는 바이러스가 전세계 사람들을 두려움에 떨게 하고 있다. 치사율은 60대 이상 고연

령층에서 높게 나타나고 있어 더더욱 우리를 긴장하게 만든다.

세계의 의료기술은 매우 발전하였는데, 새로운 감염 바이러스가 생기면 그 치료제를 개발하는 데는 상당한 시간이 걸린다. 지금의 의료기술로는 신생 바이러스를 치료할 수 없다는 것이다. 이것도 매우 안타까운 일이다. 과학기술이 발전하여 최근에는 인공지능까지 탄생하였는데, 감염병 바이러스를 대처할 수 있는 백신은 개발이 어렵다니 기술발전이 무색하게도 느껴진다. 그만큼 자연은 인간의 기술보다 앞서가고 있는 것일까? 인간의 능력을 뛰어넘는 새로운 사회 현상과 문제들이 발생되고 있다. 지구를 지배하는 인간의 통제 밖의 일들이 여전히 많은 것이다.

늦은 여름이 되면 어김없이 찾아오는 불청객은 또 있다. 무시무시한 바람과 비를 몰고 와 사람들을 두렵게 만드는 태풍이다. 태풍이 온다는 일기예보가 있으면 이를 대비하기는 하지만, 강한 태풍 앞에서 그 피해는 항상 막심하다. 산사태로 건물이 무너지고, 무섭게 내린 비로 침수가 되고, 농작물은 망가지며, 강한 바람이 나무마저 무너뜨리는 피해와 인명 피해, 언론에서 보도되는 피해 상황을 볼 때마다 가슴이 쓰려 옴을 피할 수 없다. 집을 잃고, 농작물 피해 등을 당한 재해민의 심정은 어떠할까? 이 또한 자연 앞에 인간이 약해질 수밖에 없는 상황이다.

현대의 우리에게 가장 소중한 권리가 자유권이건만, 자유를 얻기 위해 역사 속에서 많은 운동가들이 희생되어 얻은 권리이건만, 갑자기 어느 지역에서 발생한 감염 바이러스로 우린 그 자유를 상당 부분 양보하며 지내야 한다. 자유롭게 여행하고, 편하게 사람들을 만나고, 밀집된 장소에서 다 같이 모여 스트레스를 풀던 시간이 우리

의 곁을 떠나버렸다. 언제 다시 그런 자유로움을 만끽하는 시간이
올까?

이 바이러스도 인간의 지나친 탐욕이 빚어낸 산물일까? 자연과 융
화되지 못하고, 자연의 섭리에 따르지 않고 인간 중심적 세상으로
개발하면서 만들어낸 부산물인가? 새로운 신종 바이러스가 발생되지
않도록 어떻게 해야 할 것인지에 대해 온 세계 지도자들이 고민해
보아야 할 시점이라고 생각된다. 사스, 메르스 등의 사례와 같이 그
간 주기적으로 발생한 감염 바이러스로 우리는 고통을 겪어 왔기
때문이다.

지금의 바람은 예전의 일상으로 돌아가고 싶다는 마음뿐이다. 모
든 사람이 고통받는 이 시간을 빨리 종료시킬 수 있다면 좋겠다. 정
상적인 생활을 하고 싶다. 지난날의 자유가 이렇게 소중한 것이었음
을 이제야 알겠다. 오늘 문득 울산 관사에서 주말을 보내며, 우리가
되찾고 싶은 그 자유에 대해 사색을 하는 시간을 가져본다.

주말 아침부터 거리에는 비가 많이 내린다. 왜 이렇게 비는 또 많
이 내리는 건가? 또 태풍이 올라온다고 한다. 이번 태풍도 피해가
최소화되면서 잘 지나가길 바랄 뿐이다.

2020.09.07. 〈울산지역의 노사분규〉

　사회적 동물인 인간이기에 사회생활 속에서 수많은 갈등이 발생한다. 다양한 갈등 중에 가장 대표적인 것이 노사관계에서 발생하는 노사분규9)이다. 사업장에 노동자(노동조합)와 사용자가 있는데, 기업경영과 근로 여건 등을 둘러싸고 상호 이견이 있을 경우 노동쟁의가 일어나고 쟁의행위10)로 이어진다. 노동쟁의까지 진전되었다는 것은 사업장에서 촉발된 노사 간의 갈등이 첨예하다는 의미이다. 자율적인 노사 간의 교섭을 통해 이견이 좁혀지지 못하였고, 노동위원회의 조정 절차까지 거쳤지만 노사 간에 원만한 합의를 도출하지 못했기 때문에 노동쟁의로 이어지는 것이다.

　금년도 벌써 3분의 2가 지나고 4개월 남아 있는 시점에서 노사분규 현황을 보면 '2020.09.01. 현재 전국적으로 31개 사업장이 노사분규 상황을 겪고 있다. 울산지역도 6개의 사업장이 여전히 노사분규 중이다. 부산·울산·경남 지역의 총 노사분규 사업장 7개 중에서 6개가 울산지청 관내이다. 다른 지역과 비교해 봐도 유일하게 울산지역만 노사분규 사업장이 특출하게 많다. 서울 전체 지역은 4건, 경기지역도 4건에 불과한데 울산지역이 노사분규 건수 전국 1위를 달

---

9) 노사분규는 법적 개념은 아님, 노조법상은 "노동쟁의"라 함은 노동조합과 사용자 또는 사용자단체 간에 임금, 근로시간, 복지, 해고 기타 대우 등 근로조건의 결정에 관한 주장의 불일치로 인하여 발생한 분쟁 상태를 말한다. 이 경우 주장의 불일치라 함은 당사자 간에 합의를 위한 노력을 계속하여도 더 이상 자주적 교섭에 의한 합의의 여지가 없는 경우를 말한다.
10) "쟁의행위"라 함은 파업, 태업, 직장폐쇄 기타 노동관계 당사자가 그 주장을 관철할 목적으로 행하는 행위와 이에 대항하는 행위로서 업무의 정상적인 운영을 저해하는 행위를 말한다.

리고 있다. 좋은 현상인지, 어두운 통계인지 잘 분간이 되지 않는다. 노사분규 사업장에 대해서는 노사 간 갈등 해결을 위해 지도하고 있지만 상호 간의 이견이 쉽게 해소되지 않는다. 노동청의 노력이 부족해서 그런 것일까? 어떻게 하면 그 이견을 좁혀갈 수 있을지 고민만 깊어진다.

노사분규 진행 사업장, 20.09.01. 현재

지역	분규 사업장 수	비고
서울청(서울)	4개	
중부청(인천, 경기 북부)	2개	
부산청(부산, 울산, 경남)	**7개**	*울산지역이 6개*
대구청(대구, 경북)	4개	
광주청(광주, 전남, 전북, 제주)	3개	
대전청(대전, 충남, 충청)	4개	
경기지청(경기 남부)	4개	
강원지청(강원)	3개	

어떤 사업장은 이견이 팽팽히 맞서고 있어 해결책이 보이지 않기도 한다. 사업장 노사를 만나 해결을 위한 논의와 노력을 요구할 때마다 가슴이 답답해져 옴을 어쩔 수 없다. 오랜 세월 축적되어 온 노사 간의 갈등과 불신이 그 원인이기도 하다. 상호 간에 양보와 이해의 마음으로 논의를 진행하여 접점을 찾아가는 방법이 최선이다. 노동청이 최대한 상호 양보와 이해를 통한 합의점이 도출되도록 지도하고 지원할 수 있지만 특정한 답을 주고 이렇게 합의하라고 요구할 수 있는 상황은 아니다. 이유가 무엇이든, 노사분규 사업장이 하나하나 줄어갈 수 있도록 노동청은 최대한 지도하고, 노동청에 제기된 사건에 대해 법적·합리적 처리를 위해 노력해야 하겠다.

2020.09.16. 〈어용노조란?〉

"노동조합"이라 함은 근로자가 주체가 되어 자주적으로 단결하여 근로조건의 유지·개선 기타 근로자의 경제적·사회적 지위의 향상을 도모함을 목적으로 조직하는 단체 또는 그 연합단체를 말한다. 즉, 근로자들이 조직한 단체로 자주성과 독립성을 가지면서 사용자 등을 상대로 근로조건 등의 개선을 위한 목적을 달성하기 위해 활동하는 단체이다.

이러한 노동조합은 오랜 노동운동 역사와 함께 그 견고함을 지켜 왔다. 산업화를 거치면서 열악했던 근로자의 노동조건 등을 개선하는 데 큰 역할도 해 왔다. 이는 노동조합이 그 자주성과 독립성을 유지하면서 활동해 왔기 때문이다.

"우리 노조는 어용노조가 되겠다."

오늘 문득 울산지역 어느 노조위원장의 말씀이 생각났다. 처음 듣는 순간 놀라움을 감출 수 없었다. 어용노조가 된다고? 우리에게 좋지 않은 느낌으로 다가오는 단어를 사용하여 노동조합을 일컫는 말이기에 의아함을 가졌다.

"어용(御用)"이라는 말을 국어사전에서 찾아보면 "자신의 이익을 위하여 권력자나 권력기관에 영합하여 줏대 없이 행동하는 것을 낮잡아 이르는 말"이라고 정의되어 있다. 그런 성향을 가지고 활동하는 단체를 '어용단체'라고 흔히 부른다.

무슨 깊은 뜻을 내포한 말씀으로 생각되는데 무엇을 의미하는 것이냐는 물음에 '어용노조'라는 단어에 대한 노조위원장님의 해석은

이러했다. "우리가 지향하는 어용노조라는 것은 회사 경영이 **어려울 때** 노조도 고통을 분담할 수 있는 **용기를 낼 수 있는 노동조합**이 되겠다"라는 것을 표현한 말이라는 것이다. 그 말씀을 듣고 나니 확실히 그 의미를 이해할 수 있었다. 참으로 새롭고 창의적인 의미를 담고 있었다.

2020.09.18. 〈울산의 고용율, 전국 최저〉

일자리는 어떤 의미를 가지는가? 요즘 시대적 화두는 고용의 안정이다. 최근의 코로나19로 경제가 침체되면서 더더욱 일자리 문제가 중요해졌다. 일자리의 양이 많이 축소되었기 때문이다. 요즈음은 아르바이트 자리도 구하기가 힘들다고 한다. 고용통계를 보면 '쉬었음'이라고 응답하는 숫자는 크게 증가하고 있다. 그만큼 일자리가 없어 일자리를 찾는 노력도 허사로 돌아가 구직활동도 하지 않고 그냥 쉬는 사람의 숫자가 많아진다는 의미다. 경제활동인구가 비경제활동인구로 많이 옮겨 간다는 것은 노동시장의 위기 징표이다.

울산지역의 고용 상황은 어떨까? 20년 8월 말 기준으로 통계청의 경제활동인구 조사 결과 등을 토대로 정리해 보고 이를 타개하기 위한 방안을 고민해 보았다.

울산의 고용률은 62.7%(15~64세 기준)로 17개 시도 중에서 최하위를 기록하고 있다. 14년부터 최하위를 기록하는 등 전국에서 가장 낮은 수준을 보여 왔고, 19년과 20년 8월 현재 기준에도 최하위이다. 오랜 기간 최하위 수준이 지속되고 있어 울산의 고용 상황이 다른 지역과 매우 차이가 있다는 것을 알 수 있다.

그렇다면 울산의 고용률이 전국에서 가장 낮은 수준을 지속하고 있는 이유는 무엇일까? 첫째, 울산지역은 대규모 조선, 자동차, 석유화학 관련 제조업체가 산업을 주도하고 있는데 14년 이후 조선업 등의 제조업 침체가 본격화되면서 제조업 취업자 수가 크게 감소하였다. 14년 이후 제조업 취업자 수는 2만 명이나 줄었고,[11] 특히 조

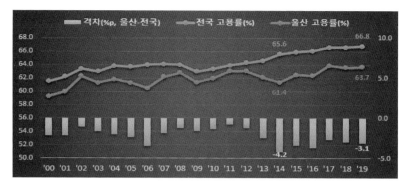

울산과 전국의 연도별 고용률 추이

울산의 연도별 고용률 순위

연도	'10	'11	'12	'13	'14	'15	'16	'17	'18	'19
울산 고용률(%)	62.0	63.1	63.1	62.1	61.4	62.5	62.4	63.9	63.6	63.7
순위	10	10	11	13	16 (최저)	16 (최저)	16 (최저)	15	16	17 (최저)
비고					16개 시도			17개 시도 ※ 세종시는'17년부터 작성됨		

울산의 고용률 증감 및 20년 8월 말 기준 순위

⟨15~64세 고용률
(%, %p, 전년동월대비)⟩

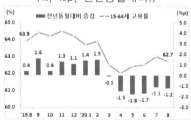

⟨17개 시도별 15~64세 고용률
('20.8. 기준)⟩

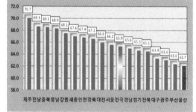

자료: 통계청 경제활동인구조사

---

11) 울산 **제조업 취업자 수**는 21만 2천 명('14년) → **19만 2천 명('19년)** <통계청 고용동향>.

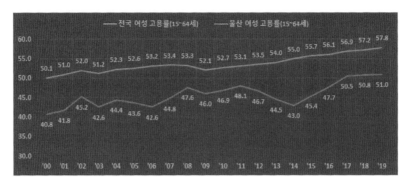

울산과 전국의 여성 고용률 추이와 격차

선업 고용보험 피보험자 수는 절반 수준으로 급격히 낮아졌다.[12) 지역 경제가 침체되면서 일자리를 찾아 타 지역으로 이동한 인구도 많아졌다.[13)

둘째, 제조업 중심의 산업구조로 여성의 고용률(51.0%, 20년 8월 말 기준)이 전국에서 가장 낮은 수준을 보이고 있다. 전국 고용률과의 격차(6.8%p)도 전체 고용률 격차(5.1%p)보다 더 큰 수준이다. 특히 중공업, 화학 업종 등에서 여성 취업자 수가 매우 낮다.

셋째, 지역 근로자의 1인당 GRDP(지역 내 총생산[14))와 평균임금[15)이 높아 맞벌이 필요성이 다른 지역에 비해서 상대적으로 낮다. 울산지역의 맞벌이 비중은 37.8%<통계청 지역별 고용조사> 수준에 불과하여 전국에서 가장 낮다.

---

12) 울산 **조선업 피보험자 수**는 6만 5천 명('14년12월) → **3만 4천 명('19년12월)**
    <고보DB>.
13) 울산 인구 순이동자 수(전입-전출): +2,786명('14년) → **-10,172명('19년)** <통계청 인구이동통계, (+)이면 순유입, (-)이면 순유출>.
14) 울산 **1인당 GRDP(지역 내 총생산)**: 6,379만 원(전국 3,687만 원, 17개 시도 중 1위).
15) 울산 **월평균 임금**: 338만 원(전국 3위) ※'17년까지는 1위였으나, 이후 서울, 경기 다음 순위.

고용 상황을 잘 보여주는 또 다른 고용지표인 실업률은 어떠할까? 울산지역의 실업률(3.2%)은 전국 평균(3.1%)보다 높은 수준으로 17 개 시도 중에서 12위를 기록하고 있다.

넷째, 울산지역의 청년 고용률과 실업률은 어떨까? 청년 고용률은 35.9%에 불과하고, 청년 실업률은 12.1%로 높아 전국에서 가장 낮고, 높은 수준이다.

이런 지역의 고용지표를 고려할 때 지역은 어떠한 대응 방안을 강구할 수 있을까? 첫째, 울산지역은 산업도시로서 위상을 견고히 하고 있는바, 조선·자동차·석유화학 등 주력 제조산업을 더욱 육성하여 일자리를 확충하거나 지켜야 한다. 일자리 창출에 지대한 영향을 주는 자동차산업은 내연기관차에서 친환경 자동차로 산업 변화를 앞두고 있어 고용은 더욱 축소될 것으로 전망되고, 조선업은 세계 발주 물량 축소에 따른 수주 부족으로 경영 상황 악화가 지속될 것으로 예상되어 고용에 대한 걱정도 더욱 깊어진다. 자동차, 조선 산업과 연계된 중소기업도 매우 힘겨운 상황이라 일자리 축소가 우려된다.

둘째, 여성 친화적인 일자리 창출에 매진해야 한다. 울산지역은 공공의료시설이 없고, 대규모 종합병원 부족 등 의료시설이 매우 취약하므로 의료산업을 적극 유치해야 한다. 일자리 창출뿐 아니라 지역 주민의 건강권 확보를 위해서도 매우 중요한 지역 이슈이다. 또한, 울산은 반구대 암각화 등 국보가 위치해 있고, 오랜 시간 지켜온 세계 최고의 산업단지가 있는 만큼 이를 활용한 지역 관광산업과 관광과 연계된 서비스업도 육성해야 한다.

셋째, 울산지역에 좋은 대학을 유치하여 젊은 층이 많아지도록 해

울산의 실업률 증감 및 20년 8월 말 기준 순위

⟨**실업률**(%, %p, 전년동월대비)⟩

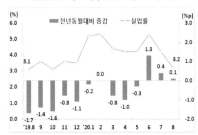

⟨**17개 시도별 실업률**('20년 8월 기준)⟩

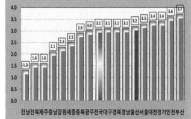

자료: 통계청 경제활동인구조사

⟨**청년 고용률**
(%, %p, 전년동기대비)⟩

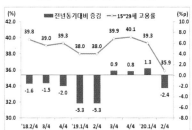

자료: 통계청 경제활동인구조사

⟨**17개 시도별 청년층 고용률**
('20.2/4월기준)⟩

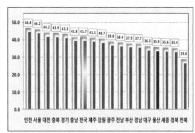

⟨**청년 실업률**
(%, %p, 전년동기대비)⟩

⟨**17개 시도별 청년층 실업률**
('20.2/4월기준)⟩

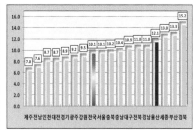

자료: 통계청 경제활동인구조사

야 한다. 이 지역은 울산대학교뿐이어서 지역 산업과 대학의 연계성
이 떨어진다. 유수한 대학이 추가로 설립되어 지역의 고용 상황과
산업발전에 대한 전문적 연구가 강화되고, 지역 대학에서 졸업한 학
생들이 지역 산업의 일자리로 연계될 수 있는 시스템이 강화되어야
할 것이다.

2020.09.23. 〈장생포에서 울산고래를 보다〉

　오전 출장 업무를 마치고, 간단히 점심 식사를 마친 이후 오후 출장 업무까지 잠시 쉴 틈이 있었다. 그런 연유로 잠시 동안의 휴식과 지역의 역사를 탐방한다는 목적으로 승용차를 돌려 고래로 유명한 장생포로 향했다. 울산 장생포는 앞바다가 매우 깊다고 한다. 그래서 고래가 여기까지 출현해 왔고, 선박이 많이 드나들 수 있으며, 어류가 풍부하여 좋은 어장이기도 하다. 장생포는 옛날부터 고래잡이의 전진기지였다. 다만, 1986년부터는 고래잡이(포경)가 금지되었다.

　예로부터 고래가 살던 항구, 장생포는 어떻게 고래마을이 되었을까? 울산에 위치하고 있는 국보 제285호인 선사 시대 반구대 암각화에는 고래가 58점이나 그려져 있다고 한다. 아주 오래전부터 이 지역에 고래가 서식하였다는 사실이 기록되어 있는 것이다. 또한, 1912년 미국의 로이 채프만 앤드류스(Roy Chapman Andrews, 1884~1960)는 장생포에서 1여 년간 머물면서 울산 앞바다에 회유하는 고래에 대해 관찰하고 연구하여 논문을 발표하였는데, 여기에 '한국계 귀신고래(Korean stock of gray whales)'를 소개하면서 그 존재를 세계에 널리 알렸다. 이는 장생포를 중심으로 귀신고래들이 출현했다가 이동했다는 증거가 된다.

　이렇게 고래로 유명한 지역이기에 지방정부는 이 마을에 고래에 관한 박물관, 생태체험관을 건립하여 고래를 널리 알려 오고 있다. 또한, 매년 4월 25일을 '고래의 날'로 지정하여 운영하고 있으며,

2008년에 장생포를 고래문화특구로 지정하여 대한민국 유일의 고래 도시로 탄생되었다.

고래에 대해 보다 자세히 공부하기 위해서는 고래박물관을 돌아보고, 생태체험관에서 다양한 체험의 기회를 가져야 했으나, 코로나

로이 채프만 앤드류스 흉상

울산 귀신고래, 천연기념물 제126호

19로 인해 휴장 중에 있어 자세히 살펴볼 수 있는 기회는 없었다. 아쉽지만 또 다른 기회에 다시 방문하는 수밖에 없다.

장생포 앞바다는 여전히 고래를 품고 있는 듯했다. 고래가 지금도 출현하는지 고래바다여행선이 고래를 찾아 떠날 듯이 큰 위용을 보

울산 귀신고래 회유해면 설명

고래의 날 선언문

이며 고래여행 크루즈를 떠날 손님들을 기다리고 있었다. 장생포 앞 바다를 두고 왼쪽에는 조선소가, 오른쪽에는 석유화학단지가 자리 잡고 있었다. 장생포 앞바다에서 고래를 다시 볼 수 있기를 기대해 본다.

장생포 고래박물관

장생포 고래생태 체험관

2020.09.27. 〈태화강변에서 산책〉

　가을이 한창인 주말, 서울로 가지 않고 울산에 남았다. 지역 현안이 주말에도 이어져 어쩔 수 없이 울산에서 보내야 하기도 했다. 주5일 근무 이후 토요일과 일요일 이틀간의 휴일 시간이 매우 길고 소중하다. 주말의 일요일인 오늘도 가을 하늘은 높기만 했다.

　같이 주말을 울산에서 보내야 했던 직원의 제의를 따라 일요일인 오늘은 태화강변으로 운동을 갔다. 가을 햇살을 맞으며 강변을 뛰어보는 것이 계획이었다. 강변을 따라 조성된 보행자 길을 뛰다 걷다 하면서 1시간 30분가량 운동을 하였다. 강변에 조성된 대나무 숲(십리대숲)[16]도 걸어보았다. 지난 태풍에 쓰러진 대나무들이 많이 그대로 남아 있어 태풍의 위력을 다시 한번 느꼈다. 태풍이 지나가고 쓰러진 대나무들을 정리하지 않은 채 남겨둔 것을 보니 마음이 애처로웠다.

대나무 철학

　대나무는 매우 성장 속도가 빠르다. 죽순으로 올라와서 하루에도 최대 70센티미터까지 성장하기도 한다. 왜 성장 속도가 이렇게 빠를까?

　대나무는 세상에 모습을 보이기 전에 땅속에서 5년의 기간을 인내하며 준비의 시간을 갖는다고 한다. 뿌리를 뻗을 수 있는 거리를

---

16) 울산시목(울산시의 나무)으로 대나무가 지정되어 있음(2014년).

확보하고, 하늘로 뻗어갈 길을 찾기 위함이다.

즉, 준비의 시간이 길었던 만큼 성장의 속도가 더 빠른 것이다. 큰 성공과 성장의 뒤안길에는 누구도 알 수 없는 고통과 인내, 철저한 준비의 시간이 잊었음을 기억해야 한다.

강변에서의 운동을 마치고 울산시 신정동 재래시장을 들렀다. 신정시장이라는 곳인데 꽤 큰 재래시장이었다. 추석을 앞두고 시장을 찾은 사람들이 북적거렸다. 사람들을 피해 시장 구경을 하고 손칼국수집에 들어가 점심을 먹었다. 칼국수집이 모여 있는 곳 중에서 30년 전통 할머니 손칼국수집이 유명하다고 하여 칼국수로 배를 채웠다.

울산에서의 주말, 처음으로 느껴보는 여유였다. 울산의 여기저기를 돌아보는 경험이 새롭게 흥미를 불러왔다. 주말의 여유로운 시간을 맞아 울산의 소소한 매력들을 하나하나 깨우쳐 가는 것도 큰 기쁨으로 다가왔다. 가끔 울산에서 같이 주말을 보내게 되면 또 다른 곳으로 새로운 경험을 찾아 떠날 것이다.

2020.09.28. 〈추석에 무산된 고향 방문〉

3일이 지나면 민족 명절인 추석이다. 10월 1일, 10월이 시작되는 날이기도 하다. 자식들이 방문하는 명절을 기다리며 갖가지를 준비해 오시는 부모님께 아침에 전화를 드렸다. 코로나19의 재확산을 예방하기 위해 정부에서 "추석연휴 생활방역지침"을 시행하고 있어 불가피하게 고향 방문이 어렵다고 말씀드렸다. 명절을 앞두고 고향을 방문할 수 없다고 연락을 드리는 일이 전혀 없었는데, 마음이 참으로 무겁다.

전화로 들려오는 부모님의 목소리에는 아쉬움이 다소 있지만 드러내지 않으신다. 그러고는 항상 자식 걱정이다. "우리는 걱정하지 않아도 된다. 코로나19 바이러스 재확산 방지를 위해 오지 못하면 어쩔 수 없다. 마음 편히 추석 연휴 동안 잘 쉬고 건강 잘 챙겨라. 시골에서 키워서 마련한 고춧가루 등도 가져갈 수 있도록 하고, 손자·손녀들도 보고 싶으니 코로나19가 잠잠해지면 빠른 시일 내에 고향에 한번 다녀가거라"라고 위안의 말씀을 남겨주시니 말이다. 부모님의 자식 향한 넓은 마음은 나이가 많아질수록 더 깊어지는 것 같다.

추석은 서로 흩어져 있던 가족들이 부모님을 중심으로 모이는 명절이다. 조상들께 제례도 지내고, 묘지에 가서 벌초도 하면서 가족의 마음을 함께 나누는 기간이기도 하다. 가족의 정을 나눌 수 있는 시간이 되는 추석을 각자 보내야 하는 올해는 명절의 정감과 운치를 느끼기에 한계가 있을 수밖에 없다. 모두가 아쉬운 마음일 테지만 조금만 참아보자.

　부모님 계시는 고향은 항상 정겹고 포근하다. 코로나19가 조금 잠잠해지면 주말을 이용해 고향을 꼭 찾아가고 싶다. 어느새 주름살이 깊어지고 기력도 약해지신 부모님 얼굴을 뵈면서 거칠어진 손이라도 잡아드리고 따뜻한 밥상으로 모시고 싶다.

2020.10.05. 〈10월에 국정감사〉

추석 연휴를 마치고 사무실로 다시 돌아왔다. 이번 추석 연휴는 코로나19의 영향으로 인해 고향 방문도 어려웠고, 여기저기 흩어져 있던 가족, 형제자매와의 만남도 원활하지 못했다. 아쉬움이 많이 남는 5일간의 명절 연휴였다. 오랜 쉼이 있었던 연휴 후에 사무실로 향하는 출근길의 발걸음은 무거웠다.

10월은 행정공무원에게 매우 중요하고 힘든 달이다. 국회의 정부 국정감사가 진행되는 기간이기 때문이다. 그동안 진행되어 온 행정업무에 대해 국회로부터 국정감사가 진행된다. 매년 진행되는 국정감사이지만 여전히 항상 조심스럽고 긴장이 되는 기간이다. 공적인 업무에 대한 시각에 있어서 행정공무원과 국민의 대표인 국회의원의 관점이 매우 다를 수 있다. 그래서 대통령을 수반으로 하는 행정부에 대해 입법부인 국회가 견제하고 감시하게 함으로써 국가체제를 보호하고 국민의 권리를 최대한 보장할 수 있도록 하는 것이다.

이번 국정감사에서 울산지역은 몇 가지 사업장에 대해 국회의원들의 지적과 고견을 들었다. 노사분규 중인 사업장의 분규 해결 대책 마련, 사업장 폐업으로 일자리를 잃게 된 근로자와 노동조합의 요구 사항, 중대재해가 많이 일어난 사업장에 대한 대책 수립과 지도 및 감독 철저 등이 주요 내용이었다. 모든 문제의 해결책이 쉽지는 않지만 문제 해결에 더 노력함으로써 근로자의 고용안정과 산업의 평화를 달성할 수 있어야겠다고 다짐했다.

또한 10월은 추수의 계절이다. 들판에 곡식이 익어가고, 따스한 햇살은 바람 따라 춤을 추고, 맑은 하늘은 지나가는 행인의 발걸음도 멈추게 한다. 참으로 좋은 시절이다. 2020년의 이 가을도 더없이 평화롭고 풍요롭기를 바랄 뿐이다.

2020.10.10. 〈가을에 피는 코스모스〉

가을을 상징하는 꽃, 가을이면 생각나는 꽃은 코스모스다. 가을바람에 나부끼는 코스모스를 바라보면 한없는 여유로움을 느낄 수 있다. 울산 바닷가를 지나다가 어디선가 찍어본 코스모스다. 평범한 코스모스와는 다른 조금 특이한 모습을 하고 있어 사진에 담아보았다.

<u>코스모스</u>
- 원산지는 멕시코
- 국화과의 한해살이풀
- 꽃말은 순정
- 꽃은 6~10월에 피고 가지와 줄기 끝에 두상화(頭狀花: 꽃대 끝에 꽃자루가 없는 작은 꽃이 많이 모여 피어 머리 모양을 이룬 꽃)가 1개씩 달린다. 두상화는 지름이 6㎝이고, 6~8개의 설상화와 황색의 관상화로 구성
- 코스모스란 그리스어의 코스모스(kosmos)에서 유래하였는데, 이 식물로 장식한다는 뜻

2020.10.22. 〈늦은 가을, 낙엽〉

시간이 참 빠르다. 어느덧 10월의 하순에 접어들었다.

아침 출근길, 사무실 앞마당에 떨어져 뒹구는 낙엽을 보았다. 색깔이 노란색, 갈색으로 변해 버린 나뭇잎들이 떨어져 있었다. 바삐 지내는 사이에 이렇게 가을이 깊이 들어와 있었던 걸까? 나무에 걸려 있던 잎들도 마찬가지로 낙엽으로 자태를 뽐내고 있었다. 아름답지만 쓸쓸함을 지울 수 없는 모습으로 내 눈에 비치는 것은 한 해가 지나가고 있음을 의미하는 신호인가? 이미 저물어 가는 가을 자락에 남겨진 마지막 선물인가?

낙엽

몰랐어, 네가 이렇게 변해버린 줄을
놀랐어, 네가 이렇게 익어버린 것에
기뻤어, 네가 너무 아름답게 빛나고 있어서
슬펐어, 네가 왠지 쓸쓸함을 품고 있어서

가을이 떠날 채비를 했구나
너를 남겨둔 채로
가을이 마지막을 말하는구나
너의 허우적거림으로

이제는 떠나는 뒷모습만 아려 오네

내 손에 쥐어진 마지막 선물
내 맘에 고이 잠들 기억으로
그래도 고맙다. 흔적을 남겨줘서

2020.10.30. 〈자일대우상용차 구조조정〉

　울산지역에 "자일대우상용차"라는 버스제조업체 공장이 있다. 지난 2년간 경영상 적자가 연속으로 매년 100억 원 이상 발생한 상황에서 코로나19로 인한 경영 어려움이 가중되어 355명의 근로자를 대상으로 경영상 이유에 의한 해고를 10월 4일 자로 단행하였다. 노조는 생산물량을 베트남 공장으로 이전하기 위한 술수라고 반발하면서 정리해고를 즉시 철회하라고 주장하고 있다. 이로 인해 노사 간 갈등이 극심한 상황에 이르렀다.

　그간 지나온 동향을 살펴보면 다음과 같다.

　금년 3월 말에 회사의 회장은 경영난 심화와 코로나19로 인한 경영 전망이 매우 어두워 울산공장을 폐쇄해야 할 상황임을 노조와 근로자들에게 알렸고, 이를 위한 구체적 조치들이 5월부터 진행되게 되었다. 노조는 단체협약에 따라 회사의 합병, 공장이전 등에 대해서는 노사 간 합의를 통해 진행되어야 한다며 반발하였고, 회사와 노조는 특별교섭을 진행하기에 이르렀다. 그러나 노사의 의견 차이가 깊어 대화는 순조롭게 진행되지 못하였다.

　6월 2일. 나는 울산공장에서 회장과 면담을 하였다. 경영의 어려운 현실 등을 청취하고 7월 31일 자로 공장을 폐쇄할 수밖에 없다는 얘기를 들었다. 이에 나는 경영이 어려운 상황이지만 근로자의 고용을 고려하지 않을 수 없는 현실이라며, 경영위기 상황에서 휴업 등을 통한 방법으로 근로자 고용유지를 지원하는 "고용유지지원금 제도(휴업 등으로 고용을 유지하는 경우 휴업수당 등 고용유지 비용을 최대 90%까지 지원)"를 활용해 주면 좋겠다는 의사를 전달하였다. 또한, 그렇게 고용유지를 하다가 보면 경영상 어려움을 극복할 수 있는 기회가 다시 올 수도 있지 않겠느냐고 조언하였다.

그 이후 회사는 정부의 고용유지지원제도를 활용할지 여부를 검토하기 시작했다. 휴업을 통한 고용유지의 경우 회사가 부담해야 하는 비용과 정부에서 지원되는 금액을 정확히 계산해 보았다. 고용유지 비용을 최대 90%까지 지원한다고 하였지만, 자일대우상용차는 대기업에 속하고 특별고용지원 업종에 해당되지 않아 고용유지 비용의 3분의 2밖에 지원되지 못하며, 또한 근로자 1인당 일일 지원금액도 6.6만 원으로 제한하는 규정으로 지원 금액에 있어 생각보다 큰 제한이 있었다. 회사에서 검토한 결과 1개월간 공장을 휴업할 경우 총비용은 25억인데, 정부지원금은 7억에 불과하다는 것이었다. 그럼에도 불구하고 회장은 고용유지지원제도를 위한 휴업을 7월과 8월에 실시하기로 결정하였다. 그 이후 회사와 노조 간의 교섭도 지속적으로 진행되었으나 원만한 합의는 이루지 못하였다.

아울러 회사의 버스제조 수요가 감소되는 정부의 정책도 발표되어 회사 경영을 더 힘들게 하고 있다고 한다. 코로나19로 시내버스와 관광버스 운행이 축소되자 버스 업계의 위기극복을 지원하기 위해 국토교통부는 버스 대폐차 기간을 1년 연장해 주었다. 즉, 버스의 사용기한을 1년 늘려준 것이다. 이에 따라 버스제조 업체는 향후 1년간 버스제조 주문이 없어지는 영향을 받게 됨에 따라 버스생산 수요가 감소하게 되었다.

2개월간의 휴업이 끝나고 회사는 9월 초 경영상 이유에 의한 해고를 울산공장 근로자 360여 명에게 통보하였다. 나는 다시 9월 중순 회사의 회장을 만났다. 경영상 이유에 의한 해고가 되는 10월 4일까지 기간이 남아 있으니 노조와 적극적으로 대화하면서 노사 간 원만한 해결책을 찾아가고, 근로자의 고용 문제를 재검토해 달라고 요청하였다. 회사는 공장폐쇄가 아니라 사업의 축소를 통한 재편으로 방향을 정하고, 일부 공장을 가동할 수 있다는 방안을 노조에 제시하였다. 다만, 노조의 합의가 전제되어야 하는데 그 내용은 버스제조 주문이 많이 축소되었기 때문에 버스 생산량을 연간 660대로 목표로 함에 따라 고용인원을 현재의 3분의 1 수준으로 축소하고, 임금을 삭감하여 근로자 1인당 5천만 원 수준으로 맞추어야 최소한의 적자는 면할 수 있다는 것이었다. 만약에 경영흑자가 발생하면 흑자 규모의 3분의 1을 노조와 직원들에게 성과급으로 되돌려 주겠다는 약속까지 제시했다. 버스생산물량을 지속적으로 증가시켜 36개월 내에 회사를 정상화시키고 구조조정으로 해고된 전체 근로자를 재고용할 계획도 밝혔다.

이런 회사의 제안도 경영상 적자가 없으므로 총고용을 보장하고, 정리해고를 철회해야 한다며 노조는 수용할 수 없다고 주장하여 노사 대화를 통한 해결책 모색은 이루어지지 않았다. 다만, 정리해고가 철회되면 회사의 어려움을 극복하기 위해 노조도 버스생산물량 확보에 같이 노력하고, 일자리나누기(근로시간단축, 순환휴직, 연월차 소진)와 전환배치 등 경영상 필요한 협조를 할 의사가 있다고 제안하였다.

그럼에도 불구하고 노사 이견이 좁혀지지 않으면서 경영상 이유에 의한 해고가 10월 4일 이루어졌다. 회사는 10월까지 노조와 대화를 지속하겠다면서 회사 측의 제안을 노조가 수용할 것을 요구하고 있고, 노조는 경영흑자 상황에서 이루어진 구조조정을 수용할 수 없다며 본격적인 대내외 투쟁에 돌입하였다.

나는 10월 16일 부천 자일대우상용차 본사에서 다시 회장을 만났다. 10월까지 노조와 대화를 하겠다는 회사의 약속이 있었던 만큼 지속적으로 노사 대화를 통한 문제 해결을 추진토록 요청하였다. 그 이후 회사는 다시 노조와의 대화를 요청하였다. 나는 또한 10월 29일 노조를 만나 생산물량에 따른 재고용 직원 수, 직원들의 임금 등에 있어 사측의 제안을 노조가 수용해 준다면 회사는 공장을 재가동시킬 수 있다는 의지를 가지고 있음을 설명하고, 노조도 노조의 생각들을 충분히 고민하여 더 적극적인 자세로 회사와 대화를 통해 조속히 문제가 해결되도록 임해야 할 것이라고 요청하였다. 그 이후 우여곡절 끝에 노사 대화를 11월 7일(토)에 진행하기로 합의가 되었고, 대화가 진행될 예정이다. 회사는 노동조합과의 보다 원활한 대화를 위해 울산공장장(중국공장장을 입국시켜 임명)을 새로 선임하였고, 실무적인 대화를 지속적으로 이어갈 계획이다.

경영상 이유에 의한 구조조정으로 355명이나 되는 근로자가 해고됨에 따라 지역의 공장이 멈춰서고, 해고된 근로자들이 공장에 천막과 텐트를 치고 노숙 투쟁을 하고 있어 마음이 매우 아프고 안타깝다. 노조는 고용노동부 울산지청을 비롯한 여러 관련 정부기관에서 피켓시위를 계속하고 있고, 국회 앞과 정부세종청사 앞에서도 농성을 이어가고 있다.

이 극심한 노사갈등을 어떻게 풀어가야 할까?

경영 상황에 대한 진단에서부터 노사의 주장(회사는 극심한 적자, 노조는 지난 17년을 전체로 보면 흑자)이 매우 달라 문제 해결책을 찾기가 참 어려운 상황이다. 회사는 그간의 경영적자를 다양한 노력으로 버텨 왔으나 이제는 자본까지 잠식된 상태라 매우 위급한 상황이라 하고, 노조는 재무제표상 지난 17년을 합산해 보면 흑자라는 것이다. 문제 해결을 위해서는 경영 상황에 대한 노사의 공감대 형성이 가장 시급하다. 또한 이것이 해결책을 모색해 가는 출발점이다.

노조와 회사를 만나 얘기하다 보면 양쪽이 모두 조속히 해결책을 찾아 지금의 갈등 상황을 벗어나고자 한다. 그런데 그 접점을 찾기는 쉽지 않아 보인다. 서로의 주장이 극명하게 대립되고 서로의 주장에 따라오라는 형국이기 때문이다. 깊이 있는 대화가 필요한 시점이다.

자일대우상용채(주) 경영상 이유 해고 동향

‣ (使) **울산 울주**, 근로자수 **470명**, 버스 제조, '02.8.30 설립
* '03.4.2. 영안모자, 舊 대우버스 인수 후 '10년 울산 이전
‣ (勞) **(금속노조 대우버스지회) 242명**, 생산직
   (금속노조 대우버스사무지회) 147명, 사무직

□ 쟁 점: 경영상 이유에 의한 해고[10.4]

   ○ 10.4.자 경영상 이유에 의한 해고 (통보일: 9.1.字, 355명)

<현재 노사 주장>

사 측	노 조
▲ 공장폐쇄가 아닌 사업축소를 통해 재편하는 것임	▲ 인위적인 구조조정임 – 정리해고 후 임금수준을 낮춰 최소한의 규모로 재고용하겠다는 것임
▲ 年 660대('21년) 생산목표로 원가조정 – 인력: 165명(3~6개월마다 인원 충원) – 급여: 1인 평균 5,000만원 – 복리후생비도 축소 조정 – 노사합의가 되어야 축소 운영이 가능함 ▲ 年 1,000대('22년) 목표	▲ 年 660대 생산목표 근거 요구 – 생산판매 회의에 직접 참석해 수요분석 및 생산방안 협의 ▲ 자일자동차판매 법인의 영업활동 정상화
▲ '23년까지 326명 전원 단계적 재고용 – 정년예정자 51명 제외	▲ 정리해고 철회가 전제되어야 함
▲ 영업이익 발생 시 1/3 직원 배분 – 2/3는 채무상환에 사용	▲ 일자리 나누기 방안 마련 – 근로시간 단축, 순환휴직, 육아휴직 장려, 월차 및 연차소진, 기타 총고용 유지를 위해 필요한 방안

<노조의 부당해고 등 구제신청>

   ○ 10.5. 노조, "부당해고 및 부당노동행위 구제신청서" 제출

   ○ 10.27. 울산지노위, 노사(별도) 간담회 실시(12.4. 심문회의 예정)

◇ 근로기준법 제24조(경영상 이유에 의한 해고의 제한)에 따른 요건
① 긴박한 경영상 필요, ②해고 회피 노력, ③합리적이고 공정한 기준에 따른 대상자 선정, ④근로자대표에 50일전 통보 및 성실한 협의

노사의 주장 근거

회 사	노 조
▲ 국내 사업 누적적자 1,635억원('03~'19년) – 지난 3년간 573억원 적자 – 기타 수입으로 △1,431억원 지원(부동산 매각, 자회사 지분법 이익, 영안모자 계열사 지원 등) ▲ 장부상 자산은 505억이나, – 실제 사업상태 반영하면 자본잠식임	▲ 누적 영업이익 361억원('03~'19년) – 전자공시시스템에 등재된 손익계산서 기준
▲ 완성차 생산대수 감소 – '07년 6,307대→'19년 1,914대(약 70%) ▲ 내수시장 점유율 감소 (단위: 대)	▲ '20.1분기 생산실적 전년대비 12.5% 증가 – '19년 1분기 417대, '20년 1분기 469대 ▲ 해외이전을 위한 울산공장 폐쇄조치임 – 자일자동차판매 법인은 주거래(KD운송그룹) 업체에게 "발주받은 물량(558대) 중 일부(208대)는 베트남에서 생산해서 납품하겠다"는 내용의 공문 발송(4.17) – '20.4월부터 일 생산량 축소(1일 8대→6대)

연도	2015	2016	2017	2018	2019
회사	2,967	2,902	2,458	2,001	1,919
전체	13,024	11,591	11,967	11,303	11,423
점유율	22.8%	25.0%	20.5%	17.7%	16.8%

회 사	노 조
▲ 내수시장 전망(예상치) – 2020년: 年 853대 – 2021년: 年 660대 – 2021년: 年 1,000대	▲ 자일자동차판매 법인에서 영업활동 중단 – 울산공장의 생산 특성상 주문이 없으면 생산이 불가능
▲ 회사 규모에 비해 과다한 임금수준 – 2017년: 1인당 77,483천원(복리후생비 7,570천원 포함) – 2018년: 1인당 75,156천원(복리후생비 7,720천원 포함) – 2019년: 1인당 81,806천원(복리후생비 8,434천원 포함)) ▲ 과도한 연/월차: 1인당 평균 84.3개('19년 기준) ▲ 노조상근자(법상 2.5명→실제 9명), 통근버스(22대 운영, 탑승률 52%) 등 과함 ▲ 생산성 급감('07년 1인당 4.4대→ '19년 2.8대)	▲ '20.3월~9월까지 239명 인원 축소 – 이미 38%의 구조조정이 시행되었음
▲ 국토부에서 버스 대폐차 기간 연장 결정 – 차령 기간 만료되는 영업용 버스에 대해 생산수요가 없을 것으로 전망	▲ 全 차량에 대한 대폐차 기간 연장이 아님 – 주행·조향·제동장치 및 배출가스 등 현행 24가지 자동차 검사 절차를 통과한 경우로 한정 – 국토부에서는 일시적인 조치라고 전해들었음

그간 경과

○ '20.3.30. 사측은 간담회에서 경영상 이유로 올해 말 울산공장 가동중지 및 해외공장(베트남) 육성 계획 발표

○ 5.19. 사측, 최초로 경영상 이유에 의한 해고 협의 요구

○ 6.12. 1차 특별단체교섭을 시작, 총 7차까지(9.24.) 진행→교섭 결렬
  * 6.15.~6.19.(1차 휴업 실시), 7.1.~8.31.(2차 휴업 실시)

○ 7.3, 7.20. 사측, 2회에 걸쳐 부양지부장, 兩 지회장과 간담회 개최

○ 7.22. 법원, 노조 제기(5.26) 단체협약위반금지 가처분 신청 인용
  → 노사합의 없는 공장 이전(베트남 공장으로 수출) 제한('20.12.31까지)

○ 8.25. 사측, 전 직원에게 구조조정 계획 통지
  → 8.28. 특별단체교섭에서 3/4 인력감축, 임금삭감안 제시

○ 8.31. 사측, 경영상 해고계획 신고서(478명 중 386명 해고) 제출
  → 10.4. 해고 실시(최종 355명) → 10.5. 부해·부노 구제신청(울산지노위)

○ 사측은 3차에 걸쳐(6~9월) 희망퇴직 시행(49명 신청 후 퇴직)

○ 9.14.~18. 노사 정리해고에 대해 집중교섭(노조 공장정상화 방안* 제시)
  * 정리해고 철회 전제로 업무전환 적극 협조, 생산수요에 대한 정확한 파악 필요, 일자리 나누기(근로시간 단축, 순환휴직, 육아휴직 장려, 연월차 소진 등)

○ 10.5.~ 노조, 울산공장 내 천막농성(천막 40개) 중

○ 사측은 10월 중에도 노조와 대화 지속하겠다는 입장문 공지(9.28)
  - 노조에 2회에 걸쳐 상담(10.19, 10.22.) 요청(화상회의)
    ↳ 노조, 진전된 안 제시 요구 및 화상회의 방식 수용불가 입장

○ 10.27. 사측, 노조에 특별단체교섭(대면) 요청(요청일시: 10.30. 15:00)
  - 노조는 교섭일정을 11.9로 연기요청

제3장

울산과 사랑에
빠졌나 봐요

2020.11.02. 〈사무실에서의 가을정취〉

11월의 달력을 바라본다. 한 해도 이제 두 달밖에 남지 않았다. 울산에 부임한 날이 5월 1일이었으니, 이제 6개월을 넘어섰다. 벌써 이렇게 흘렀나 싶다. 울산에서의 시간이 빠르게 지났다고 느끼는 건 그만큼 많은 업무와 일들이 있었기 때문일까? 아니면 나날이 즐거워 시간이 흐르는 줄도 몰랐던 것일까? 날짜가 가는 줄도 모르고 지내다 이제야 시간을 되돌려 본다는 건 그간의 시간들이 많은 일들과 관계 속에서 너무나 바쁘고 힘들게, 때로는 웃으면서 지냈기 때문일 거라 믿어본다.

지난 주말을 서울에서 보내고 새벽 일찍 열차를 타고 내려오니 울산도 어느덧 겨울에 접어들어 스산한 느낌을 준다. 서울 남산 둘레길에서 바라본 물들어 가던 나뭇잎들이 이곳 울산으로 옮겨온 듯

고용노동부 울산지청, 사무실

이 똑같은 모습이다. 땅 위에는 낙엽들도 쌓여간다. 비가 내리면 이 단풍들도 모두 떨어져 땅 위에서 뒹굴다가 어디론가 사라지겠지….

사무실 앞에 마당에 서서 오늘 사무실 전경과 주차장 나무들을 핸드폰에 담았다. '벌써 이렇게 계절이 두 번이나 바뀌었구나!'라는 상념들이 스쳐간다. 장미가 한창 아름다웠던 봄날을 지나 길었던 여름이 물러서고 찬바람 불어오는 늦가을에 접어들었다. 주차장에 서 있는 나무들에 붙들려 있는 물들어 버린 나뭇잎들이 지금의 시절을 말해 준다.

조금만 지나면 앙상한 나뭇가지 위에 하얀 눈이 쌓이겠지. 매섭게 찬바람들을 이겨내느라 모두들 움츠려 있겠지. 겨울 햇살을 향해 손짓을 하겠지. 그러다 보면, 다시 따스한 봄기운이 찾아오겠지. 누가 말하지 않아도 계절은 알아서 찾아왔다가 또 가버린다. 기다리는 마음을 달래 주었다가 또 상념에 젖게 만들어 버린다.

사무실 현관에서 바라본 나무들

차가운 바람이 느껴지는 오늘, 울산에서의 지나간 기억들보다 앞으로 울산에서 내게 남아 있는 시간들을 떠올려 본다. 새싹이 돋아나는 따스한 봄을 울산 사무실에서 맞이할 수 있을까? 울산에 처음 내려와서 바라보던 그 장미들을 다시 출근길에서 아침마다 볼 수 있을까? 그 장미들의 손짓을 보며 미소를 지을 수 있을까? 그 봄날에 활짝 웃는 내 모습을 기다린다.

고용노동부 울산지청에 걸려 있는 태극기

2020.11.03. 〈울산 화학공장장협의회 회장단 만찬〉

오늘은 울산지역에 있는 화학업체 공장장 몇 분과 저녁 간담회를 가졌다. 울산지역 석유화학공단은 1960년대부터 조성되어 대한민국 산업화의 큰 동맥이 되어 왔다. 현재 울산의 화학공업단지는 지역별로 석유화학단지, 온산단지, 용연단지, 여천단지로 크게 나눌 수 있다. 각 단지에는 지역별 화학업체 공장장들로 구성된 협의회가 운영되고 있는데, 지역별 협의회를 총괄하는 단체로 울산광역시협의회를 다시 구성하여 활동하고 있다. 이번 간담회는 울산광역시 화학공장장협의회 회장단과 함께 저녁 자리를 같이 한 것이다.

지난여름, 울산지역에 위치한 중소 규모 화학물질 취급 사업장에서 화학물질이 누출되어 화재가 발생하는 사고가 몇 차례 있었다. 이에 따라 지역 주민들의 불안이 가중되었고, 화학물질 취급 사업장에 안전조치가 더 강화되어야 함을 주지시켜 주었다. 이에 더 큰 사고를 예방하기 위해 화학공장장협의회 회장단을 모시고 간담회를 실시하여 선제적 차원에서 화학물질 자율점검을 각 사업장별로 하기로 합의하고, 9월을 "화학물질 안전관리 자율점검 및 지도의 달"로 정하였으며, 울산지역 전체 화학물질 취급 사업장에 대해 자율점검과 안전관리 지도를 실시한 바가 있다. 너무도 많은 화학물질 취급 사업장이 있기 때문에 행정적 지도에는 한계가 있어 지역별 화학공장장 협의회 도움을 받았다. 큰 사업장의 사고 예방 노하우를 중소 규모 사업장에 전수해 주는 방안 등을 논의하고, 지역별 단지에서 협력해 가기로 하였다. 민관이 합동하여 안전관리에 나선 것이다.

9월 한 달간 화학물질 취급사업장에 대한 안전관리는 그렇게 마무리되었다. 지역별 공장장협의회의 노고에 감사드리고 고마움을 표하기 위해, 아울러 울산고용노동지청에서 저녁 간담회를 마련하겠다는 약속(8월에 공장장 간담회에서)을 지킨다는 의미에서 마련된 자리였다. 울산 삼산동의 유명한 해신탕집에서(오리고기와 전복 등 해산물, 그리고 마지막에는 문어 한 마리, 식사로는 해산물 죽) 모여 저녁 겸 산업재해 예방 간담회를 가졌다. 바쁜 일정에도 모두 참석해 주었다. 간담회에서 있었던 많은 업무적 얘기는 접어두기로 하고 저녁 식사 자리였던 만큼 소주도 한잔 마시게 되었는데 그때 나왔던 건배사만 잠깐 소개한다.

울산광역시 화학공장장 협의회 회장님은 이런 소중한 저녁 간담회 자리를 만들어준 고용노동부 울산지청에 감사의 인사를 건네면서 건배사로는 "공무원"이라고 말씀하셨다. 특이한 건배사여서 잠시 당황하였었는데, 그 뜻은 "공무원은, 무조건, 원샷이다"라고 설명해 주어 한바탕 크게 웃었다. 그 건배사가 제창된 이후 계속해서 건배할 때마다 여러 차례 술잔을 들어 원샷으로 마시다 보니 평소보다 술을 더 많이 마시게 되었고 나중에는 술기운이 조금 많이 올라오기도 했다. 그렇지만 오랜만에 가져본 즐겁고 의미 있는 저녁 자리였기에 술기운을 이겨낼 수 있었다.

다음으로 그날의 주최자였던 내게 기회가 왔다. 고용노동부 울산지청장으로서 내가 건넨 건배사는 소의 웃음소리였다. 소는 울기도 하지만 웃기도 한다고 하였더니 다들 조금 의아스러운 표정이었다. 소의 울음소리는 모두가 잘 알고 있듯이 "음매"인데, 소의 웃음소리는 무엇인지 알고 계시냐고 물어보았다. 서로 눈치만 살피고 있어

요즘 유행하는 아재 개그 차원에서 생각하시면 답이 나올 수 있다고 힌트를 주었다. 모두 모르겠다는 표정이어서 정답을 바로 공개했다. "우(牛)하하"라고 얘기하자 모두 웃으면서 쓴웃음을 짓기도 하였다. 그래서 나의 건배사는 내가 선창으로 "우" 하면 모두 "하하"로 제창해 달라고 하였다. 모든 공장에서 소처럼 우직하게 열심히 일하고 안전하게 웃으면서 지냈으면 하는 바람이라고 전하였다.

소의 웃음소리처럼 우리 모두가 "우하하" 웃으면서 지낼 수 있기를 바란다. 그러기 위해서는 사업장의 일터 안전이 기본으로 보장되어야 할 것이다. 안전한 일터에서 웃음꽃이 피는 순간을 기억하자. "우리 현장 안전해서 일할 맛 난다"는 어느 사업장 근로자의 목소리가 선명히 들린다.

2020.11.10. ⟨현대중공업, 기능한국인 탄생⟩

오늘도 현대중공업을 방문하였다. "2020년 이달의 기능한국인 현판식" 행사 참석을 위해서였다. 오늘따라 하늘이 높고 맑아 가을의 느낌을 물씬 맡을 수 있는 화창한 날이었다. 가벼운 발걸음으로 현장에 도착하여 방역 수칙에 따라 체온 체크를 하고 현대중공업 내행사장으로 이동하였다. 맑고 푸른 가을처럼 현장에서 일하시는 근로자들의 모습도 밝아 보였다.

이달의 기능한국인 선정 사업
1. 목적: 우리나라 산업화의 중추적 역할을 수행한 기술인의 자긍심을 높이고, 숙련 기술인을 우대하는 문화를 조성 주관 및 선정기관: 고용노동부(한국산업인력공단 추천)
2. 자격 기준: 선취업 후진학 또는 직업계 고등학교 출신으로 산업현장에서 10년 이상 종사하고 있는 실무경력이 있는 사람으로서 기술력과 기능 우수성이 인정되고 사회적 성공을 이루었다고 평가되는 사람
3. 선정 인원: 매월 1명
4. 혜택: 고용노동부 장관 표창, 기능한국인 흉상패, 현판, 휘장 등 수여
5. 선정 내용: 2006년 8월부터 2020년 9월까지 163명

이달의 기능한국인 선정 사업은 기술인의 자긍심을 높이고 숙련 기술인을 우대하는 문화를 조성하기 위해 2006년 8월부터 시작되었

다. 매월 1명씩의 우수 기능인을 선정하여 왔는데, 2020년 9월까지 163명의 기능한국인이 탄생하였고, 2020년 7월의 기능한국인으로 현대중공업 협력회사 해인기업(주)의 조해현 대표가 선정되었다. 그 이후 기능한국인 현판식을 오늘 사업장에서 개최하게 되었고, 축하와 격려를 위해 참석하였다.

해인기업(주) 조해현 대표는 20세도 되기 전에 현대중공업에 입사하여 30년간 기술인으로 근무하였고, 지금은 선박 선실 인테리어공사를 하는 사업체의 대표로 일하고 있다. 일찍부터 가난을 극복하기 위해 노동현장에서 일을 시작하였고 정수직업훈련원[17](현재는 한국폴리텍1대학 서울정수캠퍼스, 옛 이름은 정수기능대학)을 수료하면서 기술인이 되었다. 그 이후 기술을 지속적으로 연마하여 1982년 제16회 전국기능경기대회에서 금상을 수상하였고, 1983년 제27회 국제기능올림픽대회에서 금상을 수상하는 쾌거를 이루기도 하였다. 지금은 선박 인테리어의 설계부터 생산, 시공까지 모두 가능한 전문 기술인으로 기술력을 제고하여 국제표준화기구(ISO[18]) 인증을 획득하였으며, 전국기능경기대회 장식미술 심사장, 대한민국 산업현장 교수 등 다양한 활동을 통해 대한민국 기능발전에 기여하고 있다.

고용노동부 선정 및 인터뷰 中에서

조 대표이사는 늘 "사람과 싸우지 말고 일과 싸우자", "하기 싫은 사람에게는 핑계가 보이고, 하고 싶은 사람에게는 방법이 보인다"는 말을 강조하면서 일에 대한 집중과 직원 간의 화합

---

17) 박정희 대통령이 1973년에 독일의 직업훈련을 벤치마킹하여 설립한 직업훈련원.
18) 고객에게 제공되는 품질과 서비스가 우수하고 환경 친화적 방침을 통해 기업을 경영할 경우 부여.

을 강조한다. 그리고 무엇보다 안전을 중시하는 조 대표이사는 지금도 매일 아침 출근하면 모든 직원들과 눈을 마주치고 악수하며 안전을 당부하며 하루의 건승을 다진다.

조 대표이사는 자원 없는 우리나라가 세계적 경쟁력을 갖고 우뚝 설 수 있는 방법은 높은 기술력을 갖는 것뿐이라 말한다. 때문에 많은 젊은 인력이 기능인으로서 활동할 수 있기를 바라며, 제조업이 다시 활력을 가질 수 있는 사회가 되길 바라고 또 스스로 노력하겠다고 전했다.

기능한국인 현판식 행사가 진행되는 가운데, 주요 참석자들의 축사 시간이 배정되어 있었다. 사회자가 첫 축사를 나에게 부탁하여 기능한국인으로 선정된 조해현 대표에 대한 축하 인사를 드리게 되었다. 그 주요 내용을 아래에서 기술해 본다.

축사

기능한국인으로 선정되신 것을 축하드립니다.

오늘은 날씨도 매우 화창하고 좋은 날인 것 같습니다. 현대중공업에서 20세가 되시기 전에 입사하여 30년간 근무하셨고, 지금은 현대중공업 협력회사로 사업을 이끌고 계시는 조해현 대표님이 참으로 자랑스럽습니다. 오늘의 영광은 현대중공업과 함께 일해 오는 과정에서 성취된 기쁨이기에 현대중공업에도 감사의 인사를 드리고 싶습니다. 현대중공업이 기능 한국의 발전을 위해 많은 지원과 수고를 해주고 계심을 잘 알고 있습니다.

오늘은 현대중공업 정문을 들어오면서 새로운 마음을 가졌습니다. 오늘의 축하 행사에 초대되었기 때문인 듯합니다. 현장에서 열심히 밝은 모습으로 일하시는 근로자분들을 뵈니 저도 매우 즐겁습니다. 현대중공업이 더욱 발전하고 근로자들도 더 행복하도록 다 같이 힘을 모았으면 좋겠다는 생각도 가집니다.

조해현 대표님을 축하하는 자리에 오기 위해 많은 생각을 해보았습니다. 대표님의 인생사를 보면서 떠오른 사자성어가 있었습니다. 첫째는 자수성가(自手成家)였습니다. 어린 시절부터 가난을 벗어나기 위해 일터에서 고생하시고 기능을 익히셔서 지금의 성공까지 홀로 외로이 싸워 오신 것을 보고 참으로 존경스럽고 감사했습니다. 둘째는 고진감래(苦盡甘來)입니다. 어떤 분야든 뜻을 가지고 오랜 기간 정성과 노력을 다 바치면 영광을 누릴 수 있다고 생각됩니다. 그 표상이 바로 조해현 대표님인 것 같다고 느낍니다.

오늘 이 행사를 계기로 기능한국인분들이 더 많이 배출되고, 대한민국에서 기술과 기능을 연마하고 계시는 모든 근로자분들이 더 존경받는 사회가 되었으면 좋겠다고 생각합니다. 그런 사회를 위해 이 자리에 모이신 모든 분이 지혜를 모아 가자고 제안드립니다.

다시 한번 기능한국인으로 선정되신 조해현 대표님께 축하의 말씀을 드리고 현대중공업에도 감사의 인사를 드립니다.

기능과 기술은 우리나라의 근대화와 산업화의 토대였다. 기능인들이 산업현장에서 흘려준 피와 땀이 녹아 경제발전이 이루어졌고, 그 과정에서의 노고와 희생이 많았음을 우리는 기억해야 한다. 요즈음은 정보기술 발전, 4차 산업혁명의 도래 등으로 기능과 기술에 대한 관심과 평가가 둔해졌지만, 여전히 제조업에서는 기술과 기능의 중요성이 인정된다.

제조업 현장에서 기능을 발휘하면서 일하는 기능인들에 대한 사회적 평가가 제대로 이루어지길 기대한다. 그 길에 '이달의 기능한국인 선정'사업이 큰 역할을 할 수 있을 것이다. 선정된 우수 기능인의 그 기술과 노하우는 기능을 배우고 있는 후배 기능인들에게 잘 전수되었으면 좋겠다.

2020.11.19. 〈울산 화학업체 노사정 세미나〉

　오늘은 울산대학교에서 진행된 "울산지역 화학업체, 4차 산업혁명과 노사관계 발전" 행사에 다녀왔다. 울산대학교 산학협력단 소속 LINK 사업부가 주최가 되어 화학 업종에 종사하는 노사 관계자를 대상으로 운영하는 노사정 세미나 형태의 좌담회였다. 노조위원장, 경총 등 노사관계자 20여 명이 모여 있었다.

　울산지역은 노동운동의 중심 지역이고, 대규모 공장들이 여전히 많이 위치하면서 노사관계가 매우 뜨거운 지역이다. 그럼에도 불구하고 지역의 노사가 함께 모여 정보를 공유하고 노사 간 협력의 길을 모색하는 논의의 무대가 없어 아쉬움이 많았는데, 작은 출발이지만 이 행사가 그런 논의의 장을 열어가는 시발점이 될 수 있을 것 같았다. 행사를 주최한 울산대학교 부총장님도 그런 뜻에서 이런 자리를 마련했다고 설명해 주었다. 이런 노사정이 모여 노사관계 발전을 도모하는 지혜의 장을 마련하는 것이 이 지역에 주어진 또 하나의 숙제임을 느낄 수 있었다.

　지역 노동계의 지도자에 해당하는 어떤 분은 울산대학교에 노동대학원을 신설해야 한다고 주장하기도 하신다. 노사관계는 노사 간 상호 이해와 협력 속에서 노사의 상생 발전 방안을 찾아가야 하는 것이 최선의 길인데, 노사가 서로 현안을 공유하면서 미래를 같이 논의할 수 있는 학습의 장이나 토론의 장이 없어 안타깝다고 말씀하시곤 했다. 노사와 함께 정부의 고용노동정책도 함께 아울러서 이해하고 대안을 제시하면 더 좋을 것이라고 의견을 제시하신다. 이에 대해 지역사회도 공감대를 형성하고 있다. 이런 방안들이 결실을 맺어 지역에 정착되기 위해서는 보다 심도 있는 고민과 검토가 필요할 것이다. 노사정의 주체 중 하나인 고용노동부 울산지청도 보다 적극적 역할을 하여야 한다는 느낌을 지울 수 없다.

오늘 좌담회에서 나는 울산에 처음 왔을 때의 느낌부터 얘기하였다. '사무실 인근에 위치한 울산대공원 담장에 피어 있는 장미를 바라보며 한없이 행복하기도 했었다. 나를 반겨주는 듯했기 때문이었다. 울산의 장미가 나를 반겨주었듯이 나도 울산지역에 계시는 노동자와 경영자 또는 시민들에게 장미처럼 기쁨을 주는 사람이 되었으면 좋겠다는 각오도 다져보았다'고 얘기했다.

또한, 업무적으로 고용노동부 울산지청장으로서 5.1. 부임 이후 추진해야 할 과업(고용노동 문제 시대정신)을 세 가지로 설정하고 이를 위해 열심히 노력하고 달려가고 있음을 설명하였다. 코로나19로 인해 촉발된 경제위기 및 고용위기 상황이라는 엄중한 지금의 세 가지 시대정신은 첫째, 고용유지를 통해 일자리를 지키는 것이고, 둘째는 경영의 어려움 속에서 소홀해질 수 있는 산업재해 예방을 위한 노력에 집중하여 안전한 일터를 만들어 가는 것이며, 셋째는 정규직과 비정규직, 대기업과 중소기업, 원청과 협력회사 및 근로자 사이의 사회적 격차를 해소해 가는 것이다.

고용유지를 위해서 정부는 고용유지지원금을 적극 활용하고 있는데, 울산지역도 휴업, 휴직 등을 통해 일자리를 지키는 기업들에 11월까지 150억 원 이상을 지급하였고, 또한 불가피하게 실직한 근로자들을 위해서는 실업급여를 지급하여 생계안정을 도모하고 있다. 울산지역에서 최대로 지급된 금액은 월 300억 원에 이르고 있다.

아울러 울산지역은 제조업이 높은 비중을 차지하는 산업구조로 인해 산업재해도 다른 지역에 비해 높이 발생[19]함을 고려하면, 위기일수록 근로자의 생명을 지키는 경영시스템 확립이 중요하다. 산업현장에서의 안전은 경영의 처음이자 마지막이어야 한다. 경영의 가장 우선적인 가치여야 한다. 모든 작업공정에서 안전 상태를 먼저 확보한 이후에 작업이 진행되어야 하는 것이 기본이다.

사회적 격차 해소는 우리 기업 및 노동환경에 고착되어 온 정규직과 비정규직, 대기업과 중소기업 근로자, 원청과 협력업체 근로자 간의 노동조건 및 복지수준 등의 격차를 개선해 가는 것이다. 그 격차가 차별일 수도 있고, 단순한 차이일 수도 있지만 그 격차를 해소하는 것이 우리 사회통합의 첫출발이 되어야 한다. 이를 위해 임금수준 등 다양한 근로 여건을 개선하기 위해 다양한 노력이 필요함과 아울러 공동근로복지기금 조성이 매우 중요하다고 나는 강조하고 있다. 원청이 협력업체 근로자들을 위해 원청과 협력업체 공동으로 근로복지기금을 조성하여 협력업체 근로자들의 복지사업에 재원을 활용하는 것이 가장 대표적인 사례이다. 이에 대해 정부는 최대 2억 원까지 공동복지기금에 지원해 준다.

이런 설명이 끝난 이후, 좌담회에 참석해 있었던 분들이 다양한 질문을 주셨는데, 그중에서 기억이 선명하고, 당황스러웠던 질문이 하나 있었다. '5.1. 부임 이후 벌써 7개월째 접어들었는데, 말씀하신 세 가지 시대적 과제의 진행 경과를 비추어 볼 때 지금까지 몇 점의 점수를 본인에게 줄 수 있다고 생각하는지 궁금하다'는 질문이었다. 나의 대답은 높은 점수를 줄 수는 없다고 생각한다고 말하였다.

---

19) '19년도 재해율: 울산은 0.74로 전국 0.58에 비해 매우 높은 수준.

그 이유는 고용유지를 위해 많이 노력하고 있지만, 최근 경영악화로 폐업하는 사업장도 있고, 희망퇴직 또는 경영상 이유에 의한 해고를 하는 사업장으로 인해 실직 상태에 놓여 있는 근로자들이 많아 마음이 무겁기 때문이다. 또한, 중대재해 발생 방지를 위해 부임 이후 사망사고 발생 사업장에 대해 법이 허용하는 최대의 범위에서 작업 중지를 명령하고 재해 예방 대책을 강하게 요구하고 있지만 중대재해 발생으로 인한 사망자 수가 전년보다 다소 증가하고 있어 산업재해 예방을 위한 고민이 깊어지고 있기 때문이다. 근로자 간 사회적 격차 해소 문제는 경제 상황이 호전되면 더 발전할 수 있는 분야일 거라 기대되므로 노사가 같이 격차 해소를 위해 힘을 모아주면 좋겠다는 당부도 하였다.

이런 나의 설명에 질문을 한 분은 "노사관계 문제에 몸을 담고 있는 사람들이 평가해 보면, 고용노동부 울산지청장님은 그간 부임 이후 법과 원칙에 따라 지역 문제를 해결하기 위해 많은 소통을 하고 계시고 방향도 잘 잡아주고 있어 높은 점수를 줄 수 있다고 판단된다"고 덕담을 해주셨다. 아울러서 "말씀하신 고용노동 문제에 대한 세 가지 시대정신이 매우 시의적절해 보이는 만큼 그 과업을 꼭 울산지역에서 달성하고 이 지역을 떠나시길 바란다"고 당부도 해주셨다.

감사한 말씀이었다. '벌써 내가 부임한 지 7개월째가 되었구나. 하루하루 바쁘게 지내다 보니 시간이 이렇게 흐른 줄도 몰랐구나. 앞으로도 해야 할 일이 많구나. 당부의 말씀에 따라 좋은 성과를 창출하도록 더 노력해야지' 하는 생각을 하는 계기가 되었다.

우리는 시간이 어느 정도 지나면 중간 평가를 해보게 된다. 새로운 지역에서 일을 시작하게 되거나 다른 과업을 맡아 일을 하게 되면 가끔씩 진행 성과를 되돌아보게 되는 것이다. 울산지역에 온 지도 벌써 6개월이 넘었으니 그간 나의 6개월은 어떠했는가? 과업을 제대로 수행해 오고 있는가? 이런 질문을 스스로에게 던져보아야 할 시점이다. 처음에 각오하고 목표로 세웠던 일들을 지금도 제대로 기억하고 있는지, 처음 시작할 때 느꼈던 각오를 잊지 않고 있는지, 그동안 무엇을 해 왔는지, 지금 상황에서 얼마나 많은 성과를 이루어 왔는지를 점검해 보는 것이다.

아울러, 부족한 면은 없는지, 일을 추진함에 있어 장애요인은 없는지, 어떤 대안을 새롭게 강구해야 더 일을 잘 추진할 수 있는지, 너무 지쳐서 휴식이 가끔 필요한 것은 아닌지, 복잡한 머릿속을 말끔히 씻고 새롭게 문제를 보아야 하는지 등도 고민해 봐야 할 사항들이다. 누구나 한계가 있고 부족함이 있을 것이다. 그렇기에 그 한계와 부족함을 뛰어넘을 수 있는가? 하는 숙제가 지금 이 시점에서 더 중요할 수도 있다. 일과 과업의 성패는 이를 극복할 수 있는지에 달려 있다고도 할 수 있다.

지금부터가 더 중요하다. 7개월째에 접어든 고용노동부 울산지청장으로서의 역할이 더 생산적이고 효율적일 수 있도록 다시 한번 되돌아보자. 그리고 내일을 향해, 미래의 좋은 모습을 그리면서 달려가자. 오늘따라 내 모습이 부끄럽게 느껴진다.

2020.11.20. 〈자동차 부품사 일자리 지키기 협약〉

어제 자동차 부품사의 고용위기 극복을 위한 "일자리 지키기 노사정 공동협약"을 체결하였다. 코로나로 인해 지역의 자동차 부품사들의 일감 부족으로 경영에 애로가 많아 근로자들의 고용에도 불안감을 주고 있다. 이에 울산지역의 지방정부(울산시, 울산시 북구청)와 중앙정부(고용노동부 울산지청), 현대자동차 노사가 부품사의 경영안정과 고용유지 지원을 위한 협약식을 체결하고 지원하기로 합의하게 되었다.

이번에 지원하기로 한 주요 내용은 자동차 부품사의 경영 악화 방지를 위해 기업에 경영자금을 2억 한도로 융자할 수 있도록 자금을 조성하고 융자를 받는 기업에 융자에 따른 이자 비용의 일부를 보전(이자의 3%까지)해 주는 것이다. 이를 위해 특별지원자금 800억을 조성하게 되었는데, 울산시가 300억, 울산북구청에서 250억, 현대자동차 노사가 250억을 담당한다. 특별지원자금을 융자받는 기업은 근로자의 고용안정을 6개월간 보장하여야 한다. 아울러, 고용노동부 울산지청은 부품사에 대해 고용유지지원금을 지급함으로써 고용유지 비용 부담을 덜어주게 된다.

울산 자동차 업종 고용현황 설문조사(20년 8월)

1. 조사 대상: 722개소(고용보험 데이터)
   - 응답: 311개소
2. 조사 결과
   ① 경영 상황: 전년 동기 대비 악화 85.2%<매출 감소율 25〜50%가 46.6%>

② 고용 상황: 실제 감원 실시 17.7%, 감원 고려 중 51.1%

③ 고용유지지원금: 제도 인지 85.5%, 고용유지조치(휴업·휴직계획신고) 21.5%

④ 고용유지계획: 기업지원제도를 통해 계획 의사 있음 67.2%

고용노동부 울산지청에서 울산지역 자동차 업종 사업체 722개소를 상대로 20년 8월 설문조사 한 결과(311개소 응답)에 의하면 전년 동기 대비 경영 상황이 악화된 곳이 85%에 이르고, 실제로 감원을 실시한 사업장도 17.7%에 이르렀다. 경영 상황이 좋지 않아 감원을 고려하고 있는 사업장도 51.1%에 이르러 고용 여건도 매우 불안한 상황이다. 고용안정을 위해 고용유지지원금을 신청한 사업장은 21.5%에 불과한바, 부품사의 고용안정 확보를 위해 또 다른 지원 방안을 고민해야 하는 상황에서 자동차 부품사의 경영안정을 위한 특별지원자금 조성은 매우 큰 의미를 가진다고 할 수 있다. 특히, 지방정부와 현대자동차 노사에서 부품사들을 위해 지원 방안을 마련한 것이 더욱더 의미를 가진다고 하겠다.

특별지원자금 800억 조성 내용

(단위: 백만 원)

구분	2021년				2022년			
	대출 규모	이차보전 (1년 차)	이차보전 (2년 차)	위탁운영비 (1차년도분)	대출 규모	이차보전 (1년 차)	이차보전 (2년 차)	위탁운영비 (1차년도분)
계	47,500	1,425	1,425	95	32,500	975	975	65
시	20,000	600	600	40	10,000	300	300	20
북구청	15,000	450	450	30	10,000	300	300	20
현대자동차	12,500	375	375	25	12,500	375	375	25

자동차 부품사 등의 코로나19 경제위기 극복을 위한

일자리 지키기 노사정 공동협약

울산광역시청, 울산광역시 북구청, 울산고용노동지청, ㈜현대자동차, 금속노조 현대자동차지부(이하 "협약당사자"라 한다)는 코로나19로 인해 고용위기를 겪고 있는 지역 자동차 부품사와 연관 영세 중소기업(이하 "자동차 부품사 등"이라 한다)의 경영안정 및 고용유지를 위해 다음과 같이 협약하고 일자리 지키기 사업을 공동 추진한다.

1. 협약당사자가 공동으로 추진하는 자동차 부품사 등의 일자리 지키기 사업은 다음 각 호와 같다.
   ① 자동차 부품사 등에 대한 총 800억원 융자(이자지원)규모의 고용위기 극복 특별 지원자금의 조성 지원
   ② 자금을 지원받는 자동차 부품사 등의 고용유지(6개월 간)를 위한 '일자리 지키기 협약기업 패키지 지원 사업' 연계
   ※ 일자리 지키기 협약기업 패키지 지원 사업: 붙임 참조

2. 협약당사자는 일자리 지키기 사업의 원활한 추진을 위해 다음 각 호의 역할을 수행한다.
   ① 기관별 고용위기 극복 특별 지원금 조성은 다음 각 목과 같다.
      가. 울산광역시: 300억원
      나. 울산광역시 북구: 250억원
      다. ㈜현대자동차 및 금속노조 현대자동차지부: 250억원
   ② ㈜현대자동차 및 금속노조 현대자동차지부는 자동차 부품사 등의 고용유지를 위한 협약 사업에 적극 동참한다.
   ③ 울산광역시와 울산광역시 북구는 자동차 부품사 등의 고용안정을

위해 '일자리 지키기 협약기업 패키지 지원 사업'에 참여하는 기업에 대한 행·재정적 인센티브를 제공한다.

④ 울산고용노동지청은 고용유지지원금 등 각종 일자리 지키기 사업의 추진을 통해 자동차 부품사 등의 고용유지를 위해 적극 지원한다.

⑤ 협약당사자는 자동차 부품사 등의 경쟁력제고, 교육훈련, 연구개발 등을 지원하기 위한 체계를 공동구축하고, 지원 사업 발굴 및 추진에 적극 노력한다.

3. 본 협약의 효력기간은 협약 체결일로부터 2023년 12월 31일까지로 한다.

4. 협약당사자는 본 협약서의 내용을 성실히 이행할 것을 서약하고 상호 서명, 교환 후 각 1부씩 보관한다.

2020년 11월 19일

 울산광역시장 송철호   HYUNDAI ㈜현대자동차 사장 하언태

 울산광역시 북구청장 이동권   금속노조 현대자동차 지부 금속노조 현대자동차지부장 이상수

고용노동부 울산고용노동지청장 김홍섭

2020.11.21. 〈울산 주말 휴식, 잠으로 채우다〉

생각해 보니 오늘은 울산 관사에서 식사도 대충 해결하는 등 하고 하루 종일 잠만 잤다. 눈을 감고 있었으니 푹 휴식을 취했다고 하는 게 맞겠다.

주말이지만 이번에는 서울에 가지 않고 울산에서 시간을 보냈다. 모처럼 자유롭게 잠이나 자자고 결심하고 맞이하는 주말이었다. 혼자 지내는 주말이 조금 외로울 듯도 하지만 혼자인 상태에서 가지는 자유로움과 편안함은 색다른 느낌으로 다가왔다.

주중에는 갖가지 일들로 마음의 여유가 없다. 신경이 곤두서고 고민거리에 걱정만 가득하다. 업무 가운데 다가오는 현안들이 머리를 아프게 한다. 가볍고 답이 정해져 있는 일들이라면 부담이 없지만, 무겁고 해답을 잘 찾을 수 없는 사안들은 시간도 오래 걸리고 방향을 찾기가 쉽지 않다. 노사관계에 있어서 대립되는 갈등들은 더욱더 힘겹다. 노사 상호 간 현재 상황에 대한 이해의 깊이와 접근하는 관점이 다르고, 이익충돌이 첨예하기 때문이다.

겨울에 접어들어 요즘 날씨가 많이 차가워졌다. 업무 현안들에 대한 고민도 깊어져 내 마음은 더 차가워지는 듯하다. 사업장 폐업, 경영상 이유에 의한 해고, 불가피한 실직 등으로 직장을 잃은 사람들의 마음은 더 많이 차가울 것이다. 코로나19로 인해 얼어붙은 경제 상황이 좋아지지 않고, 계속되는 경기침체 상태가 지속되고 있어 경영자와 근로자들의 시름이 깊어진다. 이런 경제 상황을 악용해 근로자들의 고용을 불안하게 한다면 그건 참을 수 없는 사건이다.

매일 아침 출근 시간에 고용노동부 울산지청 앞에서 집회를 개최하는 해고 근로자들의 모습을 보면 마음이 아프다. 외치는 구호를 들으면 어떻게 해야 요구 사항에 충족할 수 있을까 하는 고민만 깊어진다. 좋은 해결 방안을 찾을 수 있는 지혜가 내게 다가왔으면 좋겠다. 경제가 조속히 안정되어 경영인들의 주름살이 펴지는 시기가 빨리 왔으면 좋겠다. 오늘도 무사히 열심히 일을 마치고 퇴근하는 발걸음이 가벼운 근로자들의 환한 미소를 보고 싶다.

　주말 아침 늦게 일어나 무념무상으로 창밖을 무심결에 쳐다보다가 또 업무 고민을 하게 되었다. 차가운 바깥바람이 스며들어와 가슴도 추워진다. 간만에 혼자 보낼 수 있는 주말만큼은 복잡한 머릿속 고민들을 깨끗이 비우고 싶다. 그러려면 다시 꿈속으로 들어가야겠다.

울산 태화강에서 바라본 석양

2020.11.26. 〈코로나에 방역수칙 준수〉

　코로나19가 또 기승을 부린다. 감염자 수가 갑자기 늘어나기 시작했다. 잦아들었던 감염자 수가 겨울철로 접어들면서 급속히 증가됨에 따라 3차 팬데믹(대유행)이 다가왔다고 언론에서는 말하고 있다. 집단감염 사례도 있고, 생활 속에서 소소하게 감염되는 일들이 증가하고 있다는 지적이다. 아울러 감염경로를 명확히 알 수 없는 경우도 많아서 감염의 불안함이 더 커지고 있는 형국이다. 고열이나 기침, 호흡기 이상 등의 증상이 없는 상태인 무증상 감염자도 많다고 하니 감염 검사를 받는 것 자체가 꺼려진다.

　정부가 방역 수칙을 강화하고 있지만, 워낙 역동적으로 움직이는 우리 사회의 현실을 고려하면 일부 한계가 있는 듯하다. 그럼에도 불구하고 국민의 방역 수칙 준수 필요성이 더욱 강조되는 시점이다. 불편하고 어색했던 마스크 착용이 이제는 일상화되었다. 외출 시마다 착용해야 하기에 마스크가 생필품으로 바뀌었다. 조직 또는 회사에서의 모임, 회식 등이 사라진 지도 오랜 시간이 흘렀다. 방역 수칙에 따르면 사적인 모임도 최대한 자제해 줄 것을 부탁하는 실정이다. 여하튼 밀집된 공간에 여러 사람이 모이는 행사나 모임은 기피되고 있다. 감염 가능성이 높고 불안감도 커지므로 스스로 조심하기도 한다.

　요즘은 비대면 방식으로 빠르게 전환하고 있다. 회의도 영상으로 진행하고, 교육도 사이버 또는 영상으로 많이 전환되고 있다. 사회 모임도 집단보다는 개인적으로 또는 소규모로 이루어지는 생활로 바뀌었다. 모임을 자제하고 혼자서 보내는 시간이 점점 늘어가고 있다. 그래서 개인주의가 더욱 팽배해지는 느낌이다. 혼술(혼자서 술 마시는 문화), 혼밥(외부 식당에서 혼자서 밥 먹는 문화) 등이 이제는 자연스러워졌다.

사회문화가 비대면 방식으로 급속히 바뀌면서 집에서 보내는 시간들도 증가하였다. 퇴근 후 집에서 식사하고, 텔레비전이나 유튜브, 핸드폰 등으로 문화생활을 즐기고, 운동도 집에서 하거나 한적한 공원 등에 한정되어 이루어진다.

이런 생활이 지속되면서 가장 우려스러운 것은 불안감이 더욱 확산되는 것이다. 코로나 감염 뉴스에 신경이 곤두서 집중하게 되고, 혹시 나에게도 그 영향이 미치는 것이 아닌가 예민해진다. 감염자의 이동 동선과 겹치는지 등을 점검해 보게 된다. 갑자기 보건소 등으로부터 감염 검사를 받으라는 연락이 올까 하는 두려움도 가진다. 수시로 핸드폰으로 전해져 오는 감염자 정보나 안전 안내 문자가 긴장감을 놓지 못하게 한다.

몸에 미열이 있다고 느끼거나 조금이라도 이상이 있다고 생각되면 마음은 더 불안해진다. 가끔은 수시로 체온을 측정해 보기도 한다. 날씨가 추워진 겨울이라 외출 시 옷차림도 두꺼워진다. 감기를 조심하는 것이 감염을 예방하는 좋은 대안이기 때문이다. 독감도 유행할 수 있다니 그 또한 걱정이다. 독감인지, 코로나 감염인지 구분도 잘 되지 않는다고 한다.

여하튼 요즘은 지인들과의 모든 인사가 "몸조심하세요", "감기 조심하세요", "코로나가 조금 진정되면 얼굴 한번 뵙겠습니다"이다. 전염성이 강한 바이러스의 감염을 예방하기 위해서는 전국적인 접근이 필요하다. 그만큼 사람들의 지역 간 이동이 많고 사람 간 접촉이 불가피한 측면이 있기 때문이다.

우리의 일상이 평온해지려면 하루빨리 감염의 시대를 종식시켜야 한다. 답답하고 불안한 하루하루를 보내고 있지만, 조금만 더 방역 수칙을 철저히 준수하여 코로나 없는 세상에 다시 우뚝 서자. 국민 전체의 적극적인 협조와 노력이 절실하다.

2020.12.01. 〈연말의 상념〉

2020년도 이제 한 달 남았다. 마지막 남은 1장의 달력을 바라보니 왠지 서글퍼진다. 벌써 1년이 또 지나갔구나! 시간이 참으로 빨리 흐르는 것 같아 가끔씩 놀라움을 느끼는 순간들이 있다. 그 순간들이 자주 다가온다는 것이 최근에 다가온 변화임을 감출 수 없다.

울산에 내려와 일을 시작한 지도 벌써 8개월째에 접어들었다. 장미가 한창이던 봄에 내려와 여름, 가을이 지나고 겨울에 접어들었다. 낯선 지역인 울산에 적응하느라, 많은 업무 현안에 바삐 움직여 온 탓인지 이렇게 시간이 빠르게 흘러왔는지 몰랐다. 그만큼 열심히 역동적으로 지내왔는가? 하는 생각도 한편으로는 하게 된다.

우리에게 다가오는 시간들은 공평하고 평등하다. 누구에게나 하루 24시간, 1년 365일이 주어지기 때문이다. 하루하루가 지나 되돌아보는 시점에서 지나간 시간들은 한편의 세월이 된다. 돌이킬 수 없기에, 후회해도 돌아올 수 없는 시절이기에, 그래도 추억이라도 남아 있기에 가끔은 지난 세월을 기억하며 스스로를 달래 보기도 한다. 모두가 공평하게 보낸 세월들인데, 누군가는 후회하고, 누군가는 아쉬워하고, 누군가는 감사함을 느끼기도 한다.

앞으로 놓일 시간도 모두에게 공평하고 동일하게 다가올 것이다. 아침 해가 뜨고, 저녁노을로 지는 하루하루는 자연의 법칙이기에 누군가가 통제하거나 다스릴 수 없다. 몇억 년인지를 셀 수 없을 만큼 그렇게 흘러왔다. 시간 앞에서 우리가 엄숙해질 수밖에 없는 이유가 여기에 있는지도 모른다. 흔히 우리는 시간을 구분할 때 과거와 현재, 미래가 있다고 한다. 과거는 무한이고, 현재는 순간이고, 미래는 아득하다. 지금의 이 순간이 현재의 삶인데, 이 순간이 지나버리면 바로 과거가 되어버린다. 내일은 오늘의 미래이고, 곧 다가올 시간인데 벌써 현재가 되어버린다. 과거는 쌓여만 가고, 현재와 미래는 어느새 있다가 사라지고 과거로 묻혀버린다.

세월에 대한 상념이 다가오는 건 마지막 남은 달력의 외로움 때문일까? 그 상념이 겨울이 되면 더 깊어진다. 잠시 그 생각들은 접어두고 지난 1년을 어떻게 지내왔는지 곰곰이 생각해 보자.

1년 사이에 많은 변화가 있었다. 근무지를 세종에서 울산으로 바꾸었고, 가족과 떠나 객지 생활을 하였다. 10년 만에 가족과 떨어져 지내는 객지 생활이다. 관사를 받아 혼자 지내는 생활이 시작된 것이다. 관사에 머물면 느껴지는 허전함도 이제는 익숙해졌다. 가벼운 살림살이도 이제는 혼자서 하게 되었다. 여전히 서툴기는 하지만 요리도, 빨래도, 청소도 하면서 가사에 적응해 가고 있다. 가끔은 혼자 집에서 마시는 술, 혼술도 해보면서 새로운 묘미도 느낀다. 요즘은 젊은이들 사이에 혼술이 대세가 되었다. 유튜브 영상에도 많이 올라와 있는데, 볼 때마다 동경도, 부러움도, 보는 즐거움도 가진다. 어찌나 다들 밝은 표정으로 혼술을 음미하는지, 대단하다.

단골 음식점도 생겼다. 가벼운 식사 자리, 외부 손님과의 저녁 자리, 지인과의 담소 자리 등 다양하게 즐긴다. 즐겨 먹는 해산물이 술자리 안주로 최고다. 그간 이런저런 연유로 만나지 못했던 가까운 친구들도 울산에 와서 재회했다. 모두 건강하게 지내왔으니, 재회의 기쁨이 한층 더 크다. 이제 어느덧 모두 직장에서 중간층, 관리자에 올랐다. 가정도 일구어 중년의 나이에 접어들었다. 지난 시절을 추억하면서 또 다른 현재를 살아가면서 술잔을 기울인다.

울산 근무를 시작하면서 새로운 사람들도 매우 많이 만났다. 업무의 특성상 사업장에 계시는 노조 간부, 경영자들을 만나게 되었고, 지역의 지자체 등 유관단체 사람들도 알게 되었다. 노사관계 업무는 이해당사자인 노사민정(勞使民政)이 다양한 논의를 통해 문제를 해결하기에 긴밀한 협의와 대화가 필요하다. 때로는 첨예한 갈등을 풀어야 하고, 가끔은 공통의 이해관계를 더 발전시킬 수 있어야 한다. 서로가 자주 접촉하면서 현황과 이해관계를 같이 공유해야만 해답이 나온다. 결정은 노조와 사용자가 하지만, 정부는 그 과정에서 법률에 따라 지도하고 대화를 통해 해결책을 찾도록 중간자 역할을 수행한다. 물론 이해관계의 해결 과정에서 법률 위반이 있다면 노사를 막론하고 법과 원칙에 따라 처리한다.

금년 가장 힘들었던 것은 무엇보다도 코로나19로 인한 어려움이었다. 그 고난의 시기가 연말이 지금에 있어 아직도 끝나지 않았다. 기업의 경영도, 근로자의 고용도, 시민의 삶도 불안이 가득했다. 울산지역은 타 지역에 비해 코로나 감염은 비교적 소강 상태였으나 경제적 여파는 전국적으로 다가와 매우 어려웠다. 그 연유로 근로자의 고용안정 문제도 심각하였다.

고용이 불안해지면서 고용노동지청의 현안도 쌓여 왔다. 고용안정 도모를 위해 사업주에 대한 고용유지지원을 강화하였고, 지금의 경영위기를 휴업, 휴직 등을 통해 고용을 유지하면서 조금만 잘 버텨보자고 설득도 하였다. 하반기가 되자, 임금협상, 단체교섭 과정에서 노사 간 갈등도 분출되었다. 구조조정으로 인한 해고 문제, 경영 악화에 따른 처우 개선의 미흡 문제 등이 현안으로 대두되었다.

코로나19가 기업의 경영 문화도 많이 바꾸었다. 재택근무도 활성화되었고, 대면 회의는 영상회의로 대체되었고, 노사 교섭도 영상으로 진행되기도 하였다. 모임이나 만남이 자제되고 허심탄회한 대화의 장이 줄어들면서 노사 간의 소통도 감소되었다. 매우 아쉬운 부분이다. 노사 문제는 지속적인 만남을 통한 대화가 매우 중요하기 때문이다.

여하튼 1년이 마무리되는 달이다. 금년에 마무리해야 할 일들은 잘 정리하고, 새로운 한 해를 위해 좋은 계획도 수립해야 할 시점이다. 지난 시간들을 되돌아보면서 좋은 의미를 찾아 갔으면 좋겠다. 아쉬움은 있겠으나 미련은 둘 이유가 없다.

흐르는 것들

흐르는 것이 물이더라
여기를 지나가면 다시 못 오지만
그 자리를 또 흐르는 물이 채우지

가끔은 흐르는 물도 잠시 쉬더라
호수에 잠들어도 날갯짓에 물결친다
이리저리 기웃하더라도
고요하게 남아 있으면 좋으련만

언젠가는 또 다른 길을 찾는다
흐르는 물은 지치지도 않는구나
어디에 이르러야 넌 내 곁에 남겠니

흐르는 것이 또 시간이더라
이 시간이 지나면 되돌릴 수 없지만
또 시간이 이 순간을 채우는구나

흐르는 시간들도 임과 같이 할 때는 쉬는구나
이 순간만은
멈춰버린 고장 난 시계이면 좋으련만
너는 내 마음을 모르는구나

2020.12.03. 〈산업안전 골든벨, 누구를 위해 종을 울리나〉

"산업안전은 문화다." 산업재해가 없는 일터를 만들기 위해 우리가 가야 할 방향은 무엇일까를 고민하다 보면, 결국은 산업안전을 하나의 문화로 정착시켜야 한다는 귀결에 이르게 된다. 그만큼 산업안전에 대한 인식과 의지, 안전을 위한 시설과 장비, 안전 최우선의 관리시스템 등이 하나의 기본으로, 일상으로, 사업장의 문화로 정착되어야 한다.

사업장의 안전사고 예방을 위한 현장 점검을 가보면 안전시설과 장비, 안전을 위한 노력이 매우 미흡해 보이는 곳이 많다. 특히, 작은 건설 현장에서는 근로자가 안전모를 쓰지 않고 작업하는 사례도 흔히 볼 수 있다. 안전모 착용이 기본이라고 말을 해주면, 그제야 안전모를 착용하고 일을 한다. 기본 중의 기본이 지켜지지 않는 것이다.

아울러 중대재해가 발생한 사업장의 재해 원인을 조사해 보면, 사고가 발생할 수밖에 없는 이유가 보인다. 원인 없이 재해가 발생하지 않는 것이다. 기본적인 안전시설을 갖추지 않는 사례(건설 현장에서 안전난간 미설치, 안전대 미착용, 작업 발판 부실 등)가 주요 원인으로 드러난다. 안전시설과 장비가 미흡한 상태에서 일을 한다는 것은 재해 한가운데 근로자의 생명과 안전이 노출되어 있는 것이나 다름없다.

그러면 왜 이렇게 안전시설과 장비를 구축하지 않고 철저하게 안전관리를 하지 않는 것일까? 그냥 귀찮아서? 법대로 안전시설과 장비를 갖추다가는 경비가 너무 많이 들고, 일하는 시간도 오래 걸리니까? 안전사고가 일어나겠어? 이런 안일한 생각과 방치, 안전에 대한 경각심 부족, 안전에 대한 시설과 장비의 중요성 인식 부족이 결국 사고를 가져온다.

안전이 중요하다는 것을 머릿속에 지식으로 가지고는 있지만, 이것을 생활화하는 데는 무척이나 약하다. 그저 안전은 주어지는 것이라고 생각하기도 한다. 안전사고는 언제든지 일어날 수 있고, 또 발생하고 있다는 것을 망각한다. 안전사고가 발생해야 또다시 안전을 강조하고 생각하게 되는데, 그때는 이미 늦었다. 그러므로 안전은 그냥 주어지는 것이 아니라 적극적인 노력을 통해 얻어내야 하는 것이다.

오늘은 산업안전의 문화를 현장에 정착시키기 위한 방안으로 "2020년 제6회 산업안전 골든벨" 행사를 열었다. 이 행사는 고용노동부 울산지청이 주최가 되어 진행하는 행사로, 산업안전에 대한 법령 정보나 기본 지식 등을 퀴즈를 통해 풀어가면서 지식을 배양하고, 지역의 산업안전 문화를 확산하기 위해 기획되었다. 2015년에 시작되어 올해로 벌써 여섯 번째가 되었다. 매년 행사가 진행되면서 울산지역 사업장 및 근로자의 관심이 높아지고 있고, 참여자도 증가하는 등 지역의 산업안전 행사로 자리매김하였다.

2020년에는 행사의 주제를 "원청과 협력회사의 산업안전 상생과 공생"으로 정하고, 골든벨 참여 방법도 원청과 협력회사가 같이 한 팀을 구성하여 참여토록 하였다. 그 결과 169개사(원청 75개사, 협력회사 94개사), 143개 팀(286명)이 참여하여 뜨거운 경쟁을 벌였다. 최근 산업안전에 있어서 중점이 되고 있는 이슈는 원청이 하도급을 주는 협력회사 근로자의 산업재해 예방을 위해 적극적으로 노력해야 한다는 것이다. 원청의 산업안전을 위한 역할을 강화하는 것이다. 하도급을 받은 협력회사는 산업안전을 위한 제반 여건이 매우 열악하기 때문에, 원청에서 관계수급인 근로자의 산업안전을 위해서도 연대책임을 가지도록 의무를 부여하고 있다.

산업안전 골든벨 행사는 퀴즈를 풀고, 산업안전에 대한 지식과 노하우를 익혀 가는 과정이므로 모두 모여서 진행하여야 하는 것이 더 적합하지만, 금년에는 코로나 감염 예방을 위해 온라인 방식으로 추진하였다. 거대한 영상을 통해 비대면으로 이루어졌다. 행사의 의미를 담아 참여자들에게 격려하고 부탁한 축사를 아래에 기술해 보았다.

축사

반갑습니다. 고용노동부 울산지청장 김홍섭입니다.

산업안전 골든벨 행사가 올해로 벌써 여섯 번째를 맞이하였습니다. 오늘 이 행사에 참여해 주신 근로자 여러분께 감사드립니다. 많은 근로자가 이 행사에 참여하였다는 것은 산업안전에 대한 여러분의 열정이 그만큼 더 높다는 것을 느낄 수 있기에 더 큰 의미가 있다고 생각됩니다. 여러분의 그 열정이 전국으로 확산되었으면 좋겠습니다.

코로나 감염병을 조심해야 하는 시대적 상황으로 올해는 어쩔 수 없이 온라인으로 행사를 진행하게 되었습니다. 영상화면 속에 비쳐지는 여러분의 활발한 모습이 매우 좋습니다. 과연 금년에도 이 행사를 이어갈 수 있을까? 하는 우려도 있었지만, 여러분과 여러 기관의 협조 덕분에 뜻깊은 행사를 개최할 수 있게 되었습니다. 오늘의 행사를 위해 협조해 주신 울산시, 산업안전공단 울산본부, ubc 울산방송 관계자 여러분께도 감사의 인사를 드립니다. 행사 장소를 허락해 준 태광산업에도 감사드립니다.

예전부터 "아는 것이 힘이다"라는 말이 있었습니다. 그간 대한민국의 산업화와 발전은 현장에서 땀 흘리시는 근로자의 기술에 대한 습득과 숙련, 그리고 성실한 노력 덕분이라고 생각합니다. 이렇듯 우리는 배움을 통해 더 발전된 모습을 이룰 수 있었습니다.

우리가 바라는 산업현장의 안전도 기본적인 안전 지식에서부터 출발된다고 생각됩니다. 산업안전에 대한 풍부하고 정확한 이해와 지식이 사업장의 안전 문화를 지켜가는 토대가 됩니다. 오늘 이 골든벨 행사가 우리의 산업안전 지식을 점검해 보고 안전에 대한 관심과 지식을 더 배양할 수 있는 좋은 기회가 되리라 믿습니다. 오늘 마음껏 실력을 발휘해 주시기 바랍니다.

산업안전 골든벨 행사가 6년째 이어져 온 가운데, 이번에는 "원청과 협력회사의 산업안전 상생과 공생"이라는 주제를 내걸었습니다. 그래서 참여하신 여러분도 모두 원청과 협력회사가 한 팀을 이루어 참여하도록 하였습니다. 같은 공간에서 일하는 원청 근로자와 협력회사 근로자는 안전에 있어서는 하나가 되어야 합니다. 안전을 지키는 일에 있어서만은 원청과 협력회사가 한 가족이라는 마음으로 임해야 한다고 말하던 어느 근로자의 외침을 저는 생생히 기억하고 있습니다. 원청과 협력회사가 모두 산업안전만큼은 하나 된 모습으로, 가족이라는 신념으로 일터의 안전을 지키는 데 힘을 모았으면 좋겠습니다.

여러분, 고전 도서에 "누구를 위하여 종을 울리는가?"라는 것이 기억이 납니다. 오늘 참여하신 여러분은 누구를 위하여 골든벨을 울리실 겁니까? 여러분 사업장의 동료 직원, 협력회사 근로자의 안전을 위해 골든벨을 울려 주시리라 믿습니다. 아울러 대한민국 모든 사업장 근로자의 산업안전을 위해 울산에서 힘차게 골든벨을 울려 봅시다.

최근 날씨가 많이 차가워졌습니다. 추운 날씨에도 불구하고 오늘도 현장에서 많은 근로자들이 고생해 주고 계십니다. 우리 모두 안전한 일터를 만들어 가는 데 뜻을 모아 올겨울도 따뜻하게 보냅시다. 감사합니다.

□ 주요 행사장면

1 개회사 (고용노동부 울산지청장)

2 본 행사 진행 장면

2020.12.07. 〈일기에 대해〉

울산에서의 일과 생활을 기록하고자 하는 마음에 중요한 이슈가 있거나 기억에 남는 순간이 있을 때 자유로운 방식으로 글을 적어 오고 있다. 일기라 하기에는 내용이 업무적인 성향이 있고, 보고서라고 하기에는 그 형식이 너무 자유롭다. 그냥 주요 사안과 일상에 대한 평범한 기록이라고 할 수 있겠다. 울산으로 근무지를 옮기고 울산에서 무엇을 할 수 있을까? 고민하다가 일상이든, 업무든 일기 형식으로 기록을 해보자는 목표를 가지게 되었었다.

학창 시절에는 숙제로 일기를 쓰곤 하였다. 특히 여름이나 겨울방학이면 어김없이 과제물로 부여되는 것이 일기 쓰기라는 것이었다. 일기를 매일매일 쓴다는 건 참 힘든 작업이었다. 학창 시절이나 지금이나 매일매일 특정한 일을 한다는 게 쉽지만은 않다. 그러면서도 포부를 가지고 그 일을 시작하였는데, 매일매일 기록을 남기지는 못하였지만, 그럭저럭 간직하고 싶은 생활과 업무 등의 일상을 적어 왔다.

어떤 이는 일기를 적어보되, 과거의 일을 기록하지 말고 미래를 전망하고 미래를 설계하는 미래일기를 적어보는 것이 꿈을 이루는 데 도움이 된다고 얘기한다. 미래의 목표를 설정하고 그 목표를 향해 노력하는 모습을 하루하루 적어가면 미래의 어느 시점에서 꿈을 실현할 수 있다는 것이다. 글로써 미래의 꿈을 그려가면 생각이 그 꿈에 집중되고, 생각은 그 꿈을 향한 행동을 촉진하고, 그러한 행동들이 모이면 꿈이 현실로 다가오게 되는 과정을 밟을 수 있기 때문이다. 과정이 그러할진대 결과도 좋을 것이라 기대된다.

　가끔 젊은 새내기 직장인들을 대상으로 강의를 할 때 참석자들에게 미래일기에 대해 화두를 던지곤 했던 기억이 난다. 그러나 나도 미래일기를 써본 경험은 없다. 미래의 내 모습을 그려보면서 일기를 쓴다는 것이 쉬운 일이 절대 아니다. 누군가의 미래일기나 유사성이 있는 그런 일기를 읽어본 적도 없다. 그러나 만일 필요하다면 한번 시도해 볼 수는 있을까? 이제는 미래의 목표를 정하고 미래로 가는 일상의 모습을 그려보는 일기로 전환을 해야 할까?

2020.12.08. 〈사회 혼란에 대한 상념〉

사회가 혼란스럽다. 코로나19로 인한 불안감이 가중되고, 감염 예방을 위한 방역 수칙을 준수해야 하기에 생활도 자유롭지 못하다. 이런 특수적 상황에도 불구하고 다양한 갈등은 여전히 빈번히 발생한다. 사회에서 일어나는 다양한 사건, 사회적 갈등, 정치적 혼돈 등이 삶을 더 힘들게 하는 형국이다. 시간이 지날수록 그 갈등과 혼동의 깊이는 더해 가는 듯하다. 서로 자기주장이 맞는다고 대립각을 세우니 어느 것이 사실인지, 진실인지 알 길도 없다. 과연 사회는 어디로 가야 하는가? 사회정의는 무엇일까? 사회정의가 살아 있는 걸까? 잘 작동되고 있는 것일까?

사회적으로 이슈가 되는 사안들에 대해 어떤 접근을 할 수 있을까? 언론을 통해 전달되는 내용이 사건의 핵심과 상세한 내막을 얘기해 주기에는 한계가 있는 듯하다. 바라보는 관점에 따라 전달되는 내용도 간혹 다르다. 사안을 바라보는 입장에서도 어느 순간 개인적 관점이 투영되기도 한다. 아울러 문제에 대한 해결 과정은 워낙 복잡하고 전문적일 수 있어서 쉽게 판단할 수도 없다.

우리는 문제의 당사자가 아니라 제3자의 입장에 서 있다. 제3자의 입장에서 문제에 대한 섣부른 판단을 하는 경우도 많아 보인다. 당사자에게는 절체절명의 사안인데, 그 상세한 배경과 사실관계, 입장의 차이를 심도 있게 파악하지 못하고 겉모습만 가지고 의견을 낸다면 이는 당사자들에게 또 다른 아픔을 줄 수 있다. 이해당사자가 처해 있는 상황적 이해가 조금 부족할 수도 있다.

우리는 이슈가 되는 문제들에 대해 조금 신중하게 바라볼 필요가 있다. 즉흥적인 반응이나, 분위기 편승적인 접근은 오히려 문제를 해결하는 데 도움이 되지 못할 수 있다. 그리고 사회적으로는 정확한 사실을 편견 없이 파악하여 전달하는 노력이 꼭 필요하다. 정확한 사실관계 속에서 우리의 판단이 제대로 될 수 있기 때문이다.

2020.12.10. 〈새벽에 깨어나서〉

오늘도 새벽에 눈을 감은 채 기상했다. 침대에서 뒤척이며 잠에서 깨어난 것이다. 아직 어둠에 갇혀 있는 것 같아 핸드폰을 열어보니 새벽 이른 시간이었다. 오늘따라 날이 참 흐리다. 구름이 무겁게 하늘을 뒤덮고 있다. 겨울비가 오려나 보다. 비가 아니라 겨울을 느끼게 하는 눈이 왔으면 좋겠다, 하는 바람도 가져보았다. 그러나 남쪽은 눈이 내리는 기회가 드물다는 얘기를 들은 적이 있는데, 눈이 내릴 확률은 높지 않아 보인다.

그러다가 다시 잠이 들었다. 따스한 이불 속이 좋았기 때문에 일찍 일어나고 싶지는 않았다. 뒤척이다 잠이 들었나 보다. 다시 눈을 떠 보니 이른 아침이었다. 핸드폰을 열고 뉴스를 검색해 보았다. 간밤에 특이한 사항은 없는 듯했다. 문자나 카톡이 와 있는 것도 없었다. 모두가 밤사이 평안했기를 소망해 본다.

벌써 출근하기에는 아직 이른 시간이었다. 깨어났으니 무엇을 할까 주저하다가 문득 빨래가 밀려 있다는 생각이 들어 속옷과 양말 빨래를 시작했다. 세탁량이 얼마 되지 않기에 손빨래로 끝냈다. 세제를 넣고, 손으로 비누칠도 하면서 엉성한 솜씨로 마무리하였다. 이제는 간단한 빨래도 익숙해졌다. 홀로 지내온 시간이 쌓여 가는 동안 빨래의 숙련도와 익숙함은 높아졌다. 혼자서 빨래까지 해결할 수 있다니 좋은 일이다.

빨래를 마무리하고 출근 준비를 시작하였다. 평상시와 같이 양치와 세수를 하고 면도도 하면서 거울을 보았다. 거울에 비치는 얼굴이 아침이라 무표정해 보였다. 특별한 변화와 다름은 없었다. 바깥 날씨는 많이 추웠기에 옷을 외투까지 걸쳤다. 천천히 출근길에 들어섰다. 또 하루를 시작하는 시간이기에 평온하게 일상을 시작하였다. 아침 식사는 오늘도 건너뛰었다. 늘 그래왔듯이.

출근길은 걸어서 5분 남짓 소요된다. 오늘 아침도 출근길은 조용하기만 하다. 아침 운동에서 돌아오는 사람들이 가끔 있다. 아이들의 등교 모습은 요즘 잘 보이지 않는다. 코로나로 등교가 간헐적으로 이루어지기 때문일 것이다.

오늘 하루도 의미가 있는 시간이었으면 좋겠다. 예정된 일정에 따라 움직이겠지만 한순간 한순간 소중한 뜻을 이루어 갔으면 좋겠다. 출근길에 접어든 모든 분들이 오늘 하루도 평안히 즐겁게 일할 수 있기를 기원해 본다. 아침은 항상 설렘이 있어 좋다.

2020.12.15. 〈사랑의 온도탑〉

　이제 기온이 영하권으로 형성되는 추운 날씨가 연속으로 이어진다. 추운 겨울이 오면 누구나 몸과 마음이 더 위축된다. 매년 이 시기가 되면 위축된 몸과 마음으로 더 어렵게 지내는 불우이웃 돕기 운동이 성행했다. 자선냄비도 등장하고, 기부액에 따라 사랑의 온도가 측정되는 상징물도 설치되기도 했었다. "사랑의 온도탑"[20]으로 기억된다. 나눔을 통해 함께 사는 사회를 만들어가고, 사랑으로 희망의 길을 열어가자는 취지로 시작되어 지금까지 좋은 호응을 받고 있다. 올해도 사랑의 온도탑이 조금씩 조금씩 상승해서 100도까지 올라갈 수 있기를 기대해 본다.

　올해만큼 국민들의 마음이 얼어버린 해가 있었을까? 미래에 대한 희망과 소망, 꿈을 간직해 보지만 앞이 보이지 않아 막막하기도 하다. 언제 우리는 마음껏 자유를 누릴 수 있을까? 새로운 민주화 운동을 시작해야 하는가? 하는 생각도 가져본다. 우리는 지난 시절 민주화 운동을 통해 정치적 자유, 경제적 자유, 사회적 자유를 이루어 왔다. 국가 권력으로부터 국민의 권리를 찾아오고 얻어낸 시민운동이었다.

　지금은 바이러스로 인해 활동의 자유, 만남의 자유, 사고의 자유를 잃어버릴 지경에 이르렀다. 모든 사적이고 공적인 만남을 금지하거나 자제해야 하고, 활동의 반경도 좁아져서 직장과 집에 제한되고 있다. 연일 터져 나오는 바이러스 감염 현황 뉴스와 안전 문자 메시

---

20) 2020년부터 시작, 기부금액 목표액의 1%가 모금될 때마다 1도씩 상승.

지로 불안감을 가지게 되어 숭고한 사유의 자유로움도 서서히 침몰하고 있다. 오로지 감염 피하기에만 생각이 집중되는 듯한 느낌이다. 사회 전체가 바이러스 감염으로부터 조속히 탈출하기 위해서 감내해야 하는 고통이기는 하다. 다만, 그런 상황이 오랜 시간 지속되면서 모든 이의 피로와 아픔은 더 강화되고 있어 현실이 안타까울 뿐이다.

몸과 마음이 다 얼어버린 이 추운 겨울날, 이름 모를 나눔 천사는 여전히 사랑을 전달하고 있어 참으로 감동스럽기만 하다. 언론을 통해 가끔 전해져 오는 소식(서울신문, 2020.12.14. 또 4,650여만 원 놓고 사라진 기부천사…, 2018년부터 총 4억 3,000여만 원 기부)이 연말을 보내는 사람들에게 감사와 나눔의 기쁨을 준다. 해당 신문 보도에 의하면, 기부천사는 "1년 동안 넣은 적금인데, 가난하고 형편이 어려운 장애임산부와 조산산모, 다문화가정 산모들의 출산의료비와 산후조리에 쓰이길 바란다. (중략) 내년 연말에 뵙겠다"라는 또박또박 쓴 손 편지를 남기고 4,600여만 원을 현금으로 기부하였다. 당연히 이름을 밝히지 않으시고(발신자 표시제한으로 공동모금회에 전화를 걸어와 성금함에 기부금을 넣었다고 전화로 알려줌), 기부금이 좋은 곳에, 꼭 필요한 곳에 의미 있게 사용되기를 당부하는 메시지만 남기셨다.

이분은 올해만이 아니라 몇 해째 연말이면 이렇게 기부해 주고 계신다고 한다. 재산이나 돈벌이가 많은 분도 아닌 것 같은 느낌이다. 1년간 고생해서 모은 돈을 적금해 오다가 연말이면 다 찾아서 현금으로 기부하는 거를 보면 우리의 평범한 이웃임에 틀림없다. 어쩌면 평범한 이보다 더 힘겹게 지내면서도 자신을 위해서보다는 이웃을 위해 자신의 전 재산을 내어놓는 분일 거라는 확신도 든다. 더 아름다운 것은 이런 나눔을 내년에도 계속하겠다는 약속이다. 또박또박 쓴 손 편지를 남기셨다는 기사 내용을 보면 아마도 이분은 연세가 지긋하신 어르신이라 추정된다. 요즘 손 편지도 매우 귀한 시대가 되어버렸다. 고맙고 사랑을 전하시는 손 편지이기에 더 가슴을 찡하게 한다. 건강이 허락하는 한 또 1년간 열심히 살면서 좋은 일을 하겠다는 그 말씀이 우리를 더욱 감동하게 만든다.

내가 가진 것을 다른 이를 위해 거리낌 없이 내어놓는다는 것은 참으로 어려운 일이다. 누구나 풍족하지 못하고, 사회 공동체 의식이 약해졌으며, 미래가 불안하기 때문이다. 스스로의 삶을 개척하는 것도 힘겨운 상황이기 때문일 수도 있다. 그럼에도 불구하고 우리는 이웃이 있고, 사회 속에서 살아가는 구성원이기에 어려움에 처해 있거나 피치 못할 사정으로 곤란을 겪고 있는 사람에게 따뜻한 마음을 전해 줄 수 있는 가슴이 항상 있음도 명확한 사실이다.

추위가 온 세상을 휘저어 가는 겨울에 따스한 기온과 체온을 훈훈하게 느낄 수 있었으면 하는 바람이다. 사랑이 대지를 감싸는 그런 날을 기대해 본다. 불안감을 털어내고 마음껏 웃으면서 즐거운 얘기를 나눌 수 있는 시간을 상상해 본다.

힘들고 아픈 하루하루이고 고달픈 현실이지만 우리 사회는 그래도 정이 있고 사랑이 있음을 기억하자. 나를 먼저 생각하기보다는 우리 이웃을 돌아보는 이들이 감동을 주기에 기쁜 하루였다.

2020.12.21. 〈연말에 하는 옛생각〉

연말이 되니 자꾸만 지난 시간들을 되짚어 보게 된다. 금년 한 해 어떻게 지내왔나? 일상에 또는 주어진 업무에 의미를 부여하며 열심히 살아왔는가? 생각만큼 뜻하는 바를 이루지 못해 아쉬움은 없는가? 누구나 그렇듯 지난날을 되돌아보면서 완전히 만족할 수는 없을 것이다. 조금이나마 아쉬움이 있어야 또 내일을 기약할 수 있는지도 모른다.

오늘 문득 예전에 내가 만들어 글을 올리던 네이버 블로그에 들어가 보았다. 소소한 일상들과 생각을 글로 적어보자 하는 마음으로 나만의 공간을 만들었었다. 가끔 글도 올리고 중요 소식도 전하면서 흥미도 가져보았었다. 그러다가 다시 바쁜 일상으로 돌아오면서 블로그에 무관심해진 지 3년 정도 지났다. 왜 갑자기 내 블로그에 다시 접속하게 되었을까?

내 블로그에 올려진 글들을 문득 읽어보았다. 3~4년 전의 생각들이 다소곳이 자리하고 있었다. 그때나 지금이나 세상에 대한 생각이나 세상을 향한 나의 각오는 변함이 없는 듯하다. 시간이 지나 그때의 글을 읽어보니 또 다른 새로움도 있다. 그 글들 중에 지금의 이 시점에서 나에게 또 다른 각오를 주는 내용이 있어 여기에 옮겨본다.

(직업 선택) 내가 원하는 곳이 아니라 나를 필요로 하는 곳으로 가라

<중략>

인생의 꿈은 어디에 두어야 할까?

세상은 갈수록 발전하고 복잡해지면서 경쟁도 가속화된다. 모두가 원하는 바를 이룰 수 있을 만큼의 공간과 여유가 없다. 그래서 세상은 팍팍한 것이다. 어쩌면 세상이 이를 허용하지 않게 짜여 있는지도 모른다. 사람의 욕심이 넘쳐나고 상호 간 시기감으로 상대를 인정하지 않기 때문일 것이다. 참 아픈 현실이다. 다 같이 잘 살면 좋을 텐데 말이다. 왜 서로가 융합되지 못하고 시기와 갈등으로 아파할까? 인간 본연의 속성이 원망스럽기만 하다.

그런 삶의 전쟁 속에서도 훈훈함과 따뜻함을 주는 사람들도 많다. 그런 이들이 부럽고 존경스럽다. 더 많은 사람들이 존경과 부러움을 받으며 사는 세상이 되길 바랄 뿐이다. 그중의 한 사람이 나였으면 하는 바람과 욕심을 가져본다.

내 인생의 지향점은

"세상에 빛을 비출 수 있는 사람

나보다 나를 필요로 하는 사람에게

다가가는 인생을 살고 싶다."

2018.1.7.

2020.12.24. 〈아버지 생신일에 방문 못한 미안함〉

내일은 고향에 계시는 아버지의 82번째 생신일이다. 가능하면 부모님 생신일에는 고향을 찾아 따뜻한 식사라도 차려 드리고 싶은 게 자식의 마음이리라. 특히, 도시에 나가 생활하는 자녀라면 더욱 부모님을 찾아뵙는 것이 예의이리라. 1달 전부터 이번 겨울에도 내려가서 뵙고 와야지 생각하며 준비를 하고 있었다. 그런데 상황이 여의치 않게 되어 죄송스러운 마음뿐이다.

코로나로 인한 방역 수칙이 더 강화되었다. 오늘부터 5인 이상 사적 모임도 금지되었다. 연말 연초 기간 동안 특별 방역 수칙 기간으로 설정도 되었다. 수도권의 감염이 수그러들지 않는 상황에서 고향에 계신 부모님을 방문하는 것이 부모님께도 도움이 되지 않을 수 있다는 생각에 고향 방문 계획을 수정해야 했다. 가능성은 매우 낮지만 혹시나 부모님께 바이러스를 옮길까? 하는 걱정도 불가피하게 해야 하는 처지이다. 이래저래 마음이 편치 못하다.

지난 추석 명절에도 코로나 방역 수칙 준수를 위해 고향을 가지 못했다. 또다시 연말에, 아버지 생신날에도 찾아뵙지 못하게 되었다. 오후에 부모님께 전화를 드려야겠다. 이해를 구해야겠다. 이번에도 많이 서운해하실 부모님을 생각하니 가슴이 아프다. 자식들 중에 한 가족이라도 부모님 곁에서 생신날을 같이할 수 있으면 덜 서운한 텐데, 이번에는 아무도 찾아뵙지 못할 상황이다. 이번에는 "꼭 한번 다녀가거라"고 말씀하셨던 게 기억이 나서 더 미안스럽다. 말씀을 잘 드려 양해를 구해야겠다.

멀리서나마 아버지 생신을 축하해 드릴 수 있는 방법을 찾아야겠다. 고기라도 사서 택배로 고향에 보내드리고, 용돈도 보내드려야겠다. 자식으로서 본분을 다하지 못하는 마음이 이렇게 쓰라릴 줄이야. 오늘은 죄를 짓는 기분이다.

2020.12.24. 〈크리스마스 이브, 울산대공원 밤풍경〉

오늘은 크리스마스이브이다. 내일부터 또 연휴가 시작되어 오늘 업무를 마치고 서울로 올라갈 채비를 하였다. 간단히 저녁을 먹고, 열차 시간까지 여유가 있어 근처에 있는 대공원에 오랜만에 들렀다. 저녁 7시경이었는데, 어둑어둑 어둠이 벌써 짙게 내리워져 있었다.

대공원 정문을 바라보는 순간 놀랐다. 오늘따라 야간 조명을 너무나 화려하게 해 놓았다. 연말 연초를 앞두고 대공원이 새롭게 단장을 하고 있었다. 야간 조명으로 이루어진 광경이 너무나 화려하고 눈부셔서 사진으로 담았다. 나도 모르게 스마트폰을 열고 카메라로 광경들을 찍기 시작하였다. 밤에 바라보는 울산대공원은 꿈의 궁전이었다.

시민들의 안식처인 울산대공원이 겨울밤에 빛나고 있었다. 시민들의 갑갑한 마음을 풀어주듯이, 크리스마스 성탄의 기쁨을 나누고 있듯이, 세상의 평화와 안식을 품고 있듯이, 시민들의 발걸음과 환호에서 모처럼 활기를 띠었다. 얼마 만이던가? 이렇게 환한 함성과 빛의 경이로움을 바라보며 한없이, 어린아이처럼 기뻐하는 모습이….

울산대공원이 이렇게 이쁜 단장을 하고, 대공원을 찾는 사람들에게 던지는 메시지는 단 하나…

"울산시민 여러분~ 힘내세요. 너무 힘들었던 한 해… 모두 고생 많으셨습니다. 새해에는 더 행복한 꿈을 꾸세요."

울산대공원 정문

크리스마스트리

화려한 조명으로 손님맞이

풍차와 원형 모형

뛰어놀고 싶은 아기 사슴

우린 다정한 잉꼬부부

2020.12.29. 〈늦은 연말의 상념〉

늦은 연말의 상념

숨 가쁘게 지내 온 지난날이
걸음마다 달려가야 하던 생각들이
넘겨버린 달력 뒤편에 가려져 있듯이
어디론가 모습을 감춰 아쉽기만 합니다.

이즈음에
또 한 해를 보내는 미련이
저물어 가는 시절을 맞아야 하는 후회가
남아 있는 달력을 바라만 보게 합니다.

어디를 향해 달려왔나요
무엇을 위해 살아왔나요
언젠가는 기억될 시간이라 위로해 보지만
허전함이 가슴 깊이 스며드는 건 현실입니다.

가만히 고개 들어 보면
세상은 고요한 듯 말이 없는데
잠들어버린 나뭇가지도 멈추어 있는데
무심하게도 시곗바늘은 쉼 없이 돌아갑니다.

현재는 순간이며 지속됩니다.

과거는 기억 속에서만 있습니다.
미래는 현재 다음이고 계속 다가옵니다.
지금이 과거이자, 현재이고, 미래입니다.

누구나
열심히 살라 합니다.
현재를 즐기라 합니다.
앞으로는 더 좋은 날이 올 거라 합니다.

오후는 아침보다
내일은 오늘보다
내년은 올해보다
더 좋은 시간과 날이 되길 소망해 봅니다.

2020.12.31. 〈새해 복많이, 우보만리〉

아쉽지만 또 한 해를 보낸다. 밝은 마음으로 새로운 자세로 또 다른 한 해를 맞이하는 시점에서 사무실 직원들에게 새해 인사를 하였다. 기쁨과 희망의 새해가 되길 소망합니다.

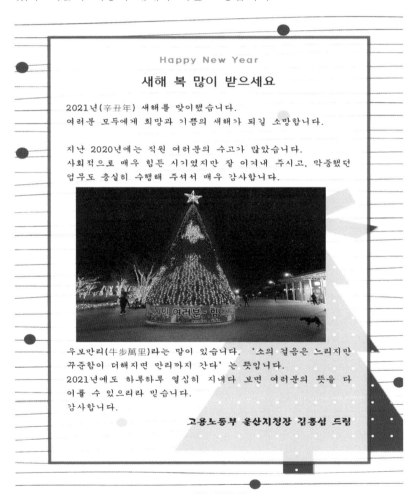

Happy New Year

새해 복 많이 받으세요

2021년(辛丑年) 새해를 맞이했습니다.
여러분 모두에게 희망과 기쁨의 새해가 되길 소망합니다.

지난 2020년에는 직원 여러분의 수고가 많았습니다.
사회적으로 매우 힘든 시기였지만 잘 이겨내 주시고, 막중했던
업무도 충실히 수행해 주셔서 매우 감사합니다.

우보만리(牛步萬里)라는 말이 있습니다. '소의 걸음은 느리지만
꾸준함이 더해지면 만리까지 간다'는 뜻입니다.
2021년에도 하루하루 열심히 지내다 보면 여러분의 뜻을 다
이룰 수 있으리라 믿습니다.
감사합니다.

고용노동부 울산지청장 김홍섭 드림

2021.01.02. 〈소띠의 해, 우하하〉

이제는 2021년이라는 숫자에 익숙해져야 하는데, 아직은 어색하다. 나이를 한 살 더 먹게 되면서 새로운 해를 맞이한다는 것이 조금은 아쉽기도 하다. 나이는 그대로였으면 좋겠다. 이 글을 적으면서도 2020이라고 적었다가 다시 수정하였다. 해가 바뀌었으니 변화시켜야 할 것들이 많다. 사무실의 달력도 바꾸어 달고, 나이도 1살 올려야 하고, 새해의 각오와 계획도 잘 세워야 한다. 모든 것이 새로운 시기를 맞아야 하고 발걸음도 새롭게 출발한다.

2021년은 소띠의 해다. 농업이 주된 산업이었던 시기에 소는 집안의 보배였다. 농사일을 하는 데 매우 유용한 역할을 해주었고, 매년 낳는 송아지는 농가의 중요한 수입원이 되기도 하였다. 소중히 키운 송아지는 큰아들 한 학기 대학등록금이 될 만큼 귀한 보배였다. 이처럼 사람에게 도움을 많이 주고, 매우 친근한 가축이면서 항상 불평불만 없이 우직하게 열심히 일만 하는 동물이다. 그래서인지 언제든지 친구가 될 수도 있어 신뢰가 쌓여가는 대상이기도 하다.

소는 표정이 없는 동물이기도 하다. 가까이 두고 있던 송아지가 어디론가 팔려 가면 그렇게 그리워서 울어대곤 했다. 이를 지켜보는 주인은 안타까운 마음에 먹이를 귀한 것으로 바꾸어 주지만 그 서글픔이 사라지지 않았다. 소와 송아지를 키우는 어린 소년의 마음은 허전함이 가득하여 덩달아 식욕이 없어지곤 하였다. 어미 소와 떨어져 가는 어린 송아지의 눈물을 보면서 그 소년도 덩달아 눈물을 흘렸는지 모른다. 이별을 어쩔 수 없어 하는 소의 애처로운 울음소리만 기억에 남는다. 3개월쯤 자란 송아지를 어미 소에게 떼어내어 팔아버리는 것을 생각해 보면 사람들이 소와 같은 말도 못하는 가축에게 참 매정할 때도 있다.

그러고 보니 아무리 생각해 봐도 소의 웃음소리는 들어본 기억이 없다. 항상 울음소리만 귀에 울린다. '소'라는 가축에게는 웃음은 없는 것일까? 지금 이 나이가 되어서야 궁금증을 가지게 되는 질문이다. 최근에 언젠가 소의 웃음소리가 무엇인지 아느냐고 누군가로부터 질문을 받아본 적이 있다. 소의 웃음소리를 들어본 적이 없기에 정답을 말할 수 없었다.

사람을 제외하고 웃음소리를 내는 동물이나 가축이 있을까?

과연 소의 웃음소리는 무엇일까? 실질적인 소의 웃음소리는 없는 듯 보인다. 소의 감정을 알 수 없기에 소가 내는 소리는 모두 울음소리로 들린다. 그런데 소의 웃음소리가 있다고 한다. 이것이 일명 아재 개그의 하나로 회자되고 있다. 정답을 맞힐 수 있는 사람은 얼마나 될까?

소의 울음소리는 "음~매"이고, 소의 웃음소리는 "우하하(牛하하)"라고 한다. 한자로 소를 뜻하는 '우(牛)'에 사람의 웃음소리 '하하'를 붙여서 "우하하"가 된다. 지난해 나는 이 소의 웃음소리를 가지고 각종 모임에서 건배사로 종종 애용하기도 하였다. 그러면서 건네었던 말은 '항시 웃으면서 지내자'였다. 소띠인 2021년을 맞아 모든 사람들이 "우하하"라고 호탕하게 웃으면서 한 해를 맞이하고, 항시 웃으면서 보낼 수 있었으면 하는 바람을 가져본다.

나도 한바탕 신나게 웃으면서 새해를 시작한다.

"우하하, 우하하, 우하하."

2021.01.05. 〈경제사회노동 화백회의, 울산시〉

오늘은 울산시청에서 '경제사회노동 화백회의(和白會議: 화합하여 모두가 하나 되는 회의)'를 가졌다. 울산시에서 준비하고 있는 고용노동부 공모사업 준비 계획서를 의결하고, 공모사업에 제출되는 이 계획서가 울산지역 산업과 일자리 창출에 매우 긴요하기에 고용노동부에서 꼭 선정해 주기를 호소하는 건의문까지 만장일치로 채택하였다. 아울러 새해를 맞아 지역의 노사민정 신년 인사회를 겸하는 자리였다.

이 회의는 2020년에 지역의 노동계(한국노총 울산본부, 경동도시가스 노조위원장 등), 경영계(울산상공회의소, 울산양산경영자총협회 등), 민간 전문가(지역 언론사, 울산시민연대 등), 정부(울산광역시, 울산시의회, 고용노동부 울산지청, 울산중소벤처기업청 등)가 모이는 노사민정 협의회의 성격을 가지는 것으로 출발되었고, 울산시에서는 이를 "화백회의"[21]라는 이름으로 구성하게 되었다. 지역 노사현안과 일자리 문제 등을 노사민정이 충분하고 치열한 논의를 거쳐, 모두가 동의하는 방안을 마련해 가는 진정한 의미의 협의체를 구성하여 운영하자는 의미가 담겨 있다.

---

[21] 신라 시대 부족 대표들이 모여 중요 사항을 합의하여 처리한, 씨족사회 전통을 계승한 회의로 만장일치제가 특징임.

- 코로나19 위기 극복과 새로운 미래를 준비하는 -
울산광역시 경제사회노동 화백회의 출범 선언문

<중략>

이에 우리는 울산광역시 경제사회노동 화백회의를 구성하여, 지역의 경제 현실에 대한 공동인식과 대응, 코로나19 국난 극복, 나아가 울산의 지속 가능한 미래를 위해, 서로의 차이는 인정하되 노사 상호 존중 정신과 책임 있는 자세로 노와 사, 시민 모두의 협력과 상생의 길을 모색하고자 아래와 같이 선언한다.

하나, 우리는 지역의 어려운 상황 극복과 새로운 미래를 열어 나가기 위해 경제·노동 주체들 간의 소통과 협치가 필요함을 인식하고 노와 사가 상호 신뢰를 통해 함께 문제를 해결해 나가는 문화를 조성함에 최선을 다한다.

하나, 우리는 대기업과 중소기업의 상생협력을 촉진하고, 중소기업 및 사내 협력업체 노동자들이 노동조건 개선과 복지증진, 노사 신뢰와 노사 문화 개선, 지역사회 및 노동 양극화 해소를 위한 노사상생기금 조성에 최선을 다한다.

하나, 우리는 미래 세대가 울산을 떠나지 않고 지역 경제 주체로 살아감이 곧 울산의 성장임을 인식하고, 미래의 희망인 청년들의 안정된 일자리 창출을 위해 노력한다.

하나, 우리는 협의와 대화로 문제를 해결했던 화백회의 정신을 이어받고 노사민정 각 주체들의 동참으로 지역 현안 해결에 적극 노력할 것을 다짐한다.

2020년 4월 22일

울산광역시 경제사회노동 화백회의 위원 일동

2020년에 이어 2021년에도 울산지역의 노사 문제와 일자리 어려움은 지속될 것으로 보인다. 작년에 발생되었던 노사분규가 아직도 지속되는 사업장이 많고, 경제의 어려움이 지속되면서 회사 경영과 고용 문제에 다양한 이슈가 제기될 것으로 전망된다. 아울러 울산시의 지속 가능한 발전을 위해 해결되어야 할 일들도 산적되어 있다.

아무쪼록 2021년을 시작하는 시점에서, 매우 이른 시기에 '경제사회노동 화백회의'가 개최되었다. 그만큼 올해에도 화백회의의 역할이 매우 중요함을 시사하기도 한다. 노사를 비롯한 각 경제 주체들이 지역의 현안에 대해 깊이 있는 토론, 협력과 양보를 통해 상생과 발전의 새로운 시대를 열어갈 수 있도록 다 함께 노력하자고 말씀드린다.

2021.01.10. 〈새해의 계획, 독서삼매경〉

새해가 되어 '금년에는 무엇을 할까?' 하는 고민을 하면서 많은 계획을 생각해 보았다. 그중의 하나가 독서이다. 바쁜 일상을 핑계로 그간 멀리해 왔던 책을 이제는 가까이해야 할 시점이 되었다는 생각이 머릿속에 계속해서 남아 있었다. 그래서 1년 동안 100권 이상의 책을 읽겠다는 구체적인 목표를 세웠다. 1년이 52주이므로 1주일에 2권의 책은 읽어야 목표 달성이 가능하다.

누구나 다른 사람의 책을 읽는 독자가 된다. 아울러 누구나 책을 집필하는 저자도 될 수 있다. 어렴풋이 10년 전에 발간했던 나의 책[22]이 최근 지인들의 손에 들어가기 시작했다. 책까지 발간한 줄을 몰랐는데 우연히 알게 되었다며 놀라워하고, '어떤 글을 책으로 쓰셨나? 읽어보려고 책을 하나 주문해서 읽어보았다'고 말하는 사람도 있었다. 그런 말씀을 들으면 참으로 감사하기도 하고, 볼품없는 졸저를 그렇게 아껴주니 고맙기도 하다. 가끔은 알 수 없는 야릇한 마음이 될 때도 있다. '내가 책을 발간한 저자다'는 사실이 여전히 낯설다.

새해 연휴가 시작되기 전에 사무실의 작은 책방에서 읽을 만한 책을 세 권 집어 들었다. 편히 읽을 수 있는 소설과, 요즘 4차 산업혁명 시대의 새로운 비즈니스 방식으로 떠오른 플랫폼에 관한 책이다. 정보통신을 기반으로 산업의 변화가 매우 크고 빠르다. 또한, 우리의 일상도 하루하루가 다르게 발전해 가고 있다. 이런 시

---

22) "비정상에서 정상으로 가는 길"(2011년, 김홍섭, 청람출판사).

대 변화에 따라가기 위해서는 책을 통해 시야를 넓히고 지식도 쌓아야 한다. 저명한 사람의 강의를 들을 수도 있지만, 다양한 책을 읽으면서 자신의 생각을 정리해 가는 것이 가장 좋은 방법이라 생각된다.

최근 들어 새로운 지식을 습득하는 방법으로 가장 인기를 누리는 것이 눈으로 보는 동영상, 귀로 듣는 사이버 교육이다. 책은 정보통신 기술에 밀려난 지 오래다. 그러나 눈으로 보는 글 속에 빠져들면 잡념이 사라지는 기쁨도 있다. '독서삼매경'이라고 하였던가? 그 느낌을 지울 수 없기에 손에서 책을 놓지 않는지도 모른다.

글을 읽으면서 지은이의 마음이 되어보자. 글로 표현하지 못하는 느낌까지 읽을 수 있다면 더 깊이 빠져들 수도 있다. 영상으로, 강의로는 감상할 수 없는 또 다른 무엇인가가 있음을 우리는 알 수 있다. 그래서 책이 더 매력을 가지는지 모른다. 어떤 사람은 꼭 책으로 읽어보아야 진정한 지은이의 마음을 읽을 수 있다고 말하기도 한다. 책으로 완독한 이후에 느끼는 그 희열감과 감동을 무엇으로 표현할 수 있을까? 그래서 독서는 참으로 묘한 마력을 지닌다.

독서는 마음의 양식이 된다고 하였던가? 현실적이고 인색해져 가는 삶에 매달리면서 궁핍해 가고 메말라 가는 우리의 마음을 달래 주고, 지혜의 장으로 끌어주는 좋은 책들이 많이 보급되었으면 좋겠다. 한때는 고전을 다시 읽어봐야 한다는 공감대도 있었다. 독자들을 끌어들이는 저명한 저자들도 집필 활동을 열심히 해주시면 좋겠다.

21년을 맞아 책을 손에 잡기 시작하였다. 그렇게 된 것만 생각해도 내 삶에 큰 변화가 다가온 듯하다. 코로나19 전염병의 확산으로 방역 수칙 차원에서 닫혀버린 도서관도 하루속히 개관을 다시 했으면 좋겠다. 아무쪼록 1년간 책을 가까이에 두고, 세상을 더 알아가고 삶을 지혜롭게 살아가는 양식을 얻어야겠다.

주말에 가질 수 있는 여유로운 마음으로 오늘도 책을 읽는다. 그리고 생각을 가다듬으면서 글도 끊임없이 조금씩 적는다. 책을 읽는 것과 책을 집필해 가는 것이 나의 기쁨이어라.

2021.01.19. 〈새해 중대재해 예방 노력, 현대공업 방문〉

연초부터 산업현장에서의 사망사고(중대재해)가 각 지역별로 잇달아 발생하면서 '중대재해기업처벌법' 제정을 두고 노동계, 경영계 등에서의 논란이 뜨겁다. 일터에서 불의의 사고로 목숨을 잃는다는 것은 반드시 사라져야 할 것이다. 이를 위해서 사업장의 안전사고 예방을 위한 노력이 더욱 철저하고 확실하게 이루어져야 함은 분명한 일이다. 만약, 산업안전보건법에서 규정하고 있는 사고 예방 조치 등을 소홀히 하여 법 위반 사항이 발생한다면 그에 상응하는 법적 처벌도 확실하게 부과되어야 함도 명백한 방향이다.

이런 시대적 흐름 속에서 고용노동부 울산지청은 연초 산업재해 예방을 위한 노력의 방법으로 "2021년 산업재해 예방 강조 기간"을 1.15.~2.17.까지 1달 정도 운영하기로 하였다. 산재 예방 강조 기간을 운영하는 배경은 울산지역의 중대재해 현황을 시기별로 분석해 보면 알 수 있다. 19년도는 전체 24건 중 6건(25%), 20년도는 24건 중 3건(12.5%)이 1~2월에 집중적으로 발생한 것을 알 수 있다. 특히, 21년도에도 연초부터 최고의 자동차 제조 사업장에서 중대재해가 발생한 바 있어, 연초부터 중대재해 예방을 위한 조치가 어느 때보다 필요한 시점이다.

이 기간 동안 각 사업장에서 산업안전관리에 대한 자율점검을 먼저 시행토록 요청하고, 근로감독관들이 불시에 패트롤 점검을 통해 점검하고 감독한다고 안내하였다. 그 시작을 알리는 의미에서 지청장인 나도 1.19. 자동차 부품 제조업체인 현대공업을 방문하여 불시에 패트롤 점검을 진행하였다. 이번 점검에서 강조하였던 부분은 생산시설에 대한 안전조치 미흡으로 끼임 사고가 나지 않도록 하는 것으로 방호울의 설치 여부, 광전자 센스 등을 통한 방호장치의 적정한 설치 및 정상 작동 여부이다.

이번 방문에서 ㈜현대공업은 대한민국의 자동차 제조와 역사를 함께해 온 것을 알게 되었다. 현대자동차 울산공장이 1968년에 세워진 이후 현대공업은 1969년 자동차 부품회사 제3호로 등록되었고, 50년 넘게 이어져 온 회사이다. 주된 작업은 자동차 시트를 제작하는 것이다. 많은 자동차 부품회사들이 세워졌지만 모두 흥망성쇠의 굴곡을 겪었다. 그중에서도 현대공업은 자동차 부품회사로 등록된 이후 가장 오랫동안 기업을 유지해 오고 있다고 한다. 이 회사에서 40년간 근무해 오고 있다고 하는 공장장님도 뵐 수 있었다.

대한민국 자동차 제조는 벌써 50년을 넘어 성장에 성장을 거듭해 왔다. 지금은 세계 최고의 기술을 자랑하는 자동차 제조업체로 성장하였다. 이러한 성장 뒤에는 자동차 제조에 필요한 많은 부품들을 생산하여 공급하는 부품업체들의 노고와 기여도 상당했음을 기억하여야 한다. 끊임없는 기술개발과 품질 향상을 위한 노력이 있었고, 어려운 여건 속에서도 묵묵히 땀 흘려 일해 온 근로자들의 손길과 정성이 있었다.

자동차 제조업이 세계 최고의 수준으로 성장하였음을 인정받는 이 시점에서 한 가지 바람을 가진다면, 자동차 박물관을 하나 만들었으면 하는 것이나. 자농차 제조와 산업의 발전을 한눈에 볼 수 있는 그런 공간이 의미를 가질 수 있다고 본다. 대한민국 최초의 자동차인 포니(PONY, 1976년 1월, 우리의 고유모델 1호로 100% 국산 자동차)부터 시작하여 지금 현재 시장에서 가장 좋은 호응을 얻고 있는 제네시스까지 그 자동차 차종과 브랜드도 다양하게 있었다. 차종의 변화가 바로 자동차의 역사이기도 하다. 그러한 변화와 역사뿐만 아니라 자동차 생산을 위해 노력해 온 부품회사들과 근로자들의 노력과 희생도 담을 수 있었으면 좋겠다. 수많은 난관을 어려운 여건 속에서 경영자와 함께 이겨온 노동자와 노동자 인권을 보호하기 위해 투쟁해 온 노동조합 활동의 중심지이기도 했던 산업이 바로 자동차산업이기에 이러한 역사도 함께 담았으면 한다. 아울러, 현재 이미 변화가 도래된 친환경 자동차, 자율운행 자동차 등 미래의 자동차 변화까지 담는다면 더 좋은 공간이 될 것이다.

2021.01.25. 〈직원들의 인사이동〉

월요일 아침이다. 매서운 겨울 날씨가 기승을 부린다. 겨울답다는 말이 저절로 나올 만큼 찬바람이 불어온다. 주말을 보내고 맞이하는 월요일은 항시 몸과 마음이 무겁다. 월요일 병이라고도 하니 모든 직장인이 공동으로 느끼는 기분일 것이다. 월요일 아침의 무거운 마음을 조금이라도 달래 보고자 나는 직원 간부들과의 주간업무 회의를 월요일 아침에 하지 않고, 월요일 오후 늦게 한다. 아침에 한 주간에 해야 할 업무에 대해 고민을 각 부서별로 서로가 먼저 해보고 나중에 회의를 하는 것이 더 효율적이지 않을까 하는 의도도 있다.

최근에는 업무적 스트레스가 더 무겁게 다가와 월요일의 발걸음이 더 그렇다. 지난해부터 이어져 오는 이슈들이 있고, 새해 들어 새로운 이슈도 하나씩 늘어나고 있어 머릿속이 복잡하다. 울산지역의 가장 큰 고용노동 이슈는 첫째, 노사관계의 불안정으로 노사분규 사업장이 지속적으로 발생하고 있다는 것이고, 둘째, 중대재해가 끊임없이 발생하여 근로자의 생명과 안전이 위협받는 것이고, 셋째, 고용률이 전국에서 가장 낮은 지역으로 일자리 창출이 매우 미흡하다는 것이다. 고용노동 전체 분야에 있어 현안이 많다. 다양한 지역적 노력이 있지만 뚜렷한 해결책을 강구하지 못해 답답한 마음이다.

새해 시작과 함께 직원들 전보인사도 진행되고 있다. 간부급은 오늘 날짜로 인사발령이 있었고, 직원들 전보인사는 추가적으로 2월 초에 시행될 예정이다. 간부급 인사에서는 대구지역에서 울산으로 발령받아 근무 오셨던 두 분의 과장이 대구지역으로 돌아가고, 대구

지역의 다른 두 분의 과장이 새로 부임하셨다. 타 지역으로 근무를 와서 여러 방면에서 낯설 수 있는데, 빠른 시기에 잘 적응하시길 바란다.

고용노동부 공무원들은 연초에 정기적인 인사발령이 있다. 인사발령에 있어 가장 큰 고초는 주거지를 떠나 객지 근무를 해야 한다는 것이다. 전국에 고용노동지청(청)이 47개가 있지만 대부분의 직원들은 지역의 주요 도시에 주거를 정하다 보니 주거지에서 인근 지역으로 객지 근무를 가야 하는 것이다. 울산지청에 근무하는 직원들의 50%는 부산 등의 다른 지역에서 객지 근무를 오는 직원들로 구성되어 있다.

객지 근무를 오는 직원들은 환경적으로, 경제적으로 많은 부담을 가지게 된다. 조직에서 객지 근무 순번을 정하는 기준을 만들어 운영하면서 공정하고 형평성 있게 시행되고 있지만, 주기적으로 다가오는 객지 근무의 부담은 여전하다. 최근에는 시차출근제, 재택근무 등 유연근무제를 적절하게 사용하면서 그 부담을 감소시키고 있다. 기관에서 마련한 관사에서 생활은 하게 되고, 주말이 되면 가족이 있는 주거지로 복귀하는 시간들이 반복된다. 고용노동부에 근무하는 직원들의 가장 큰 애로에 해당되는 객지 근무를 최소화하고 없앨 수 있는 방법이 없을지 고민스럽기만 하다.

제4장

울산을 가슴속에 고이 간직합니다

2021.02.01. 〈신규 공무원에게 전하는 당부〉

아침 9시에 신규 공무원 임명장을 수여하였다. 어려운 시험을 거쳐 9급 공무원으로서 직장 생활을 시작하는 직원들을 만나게 되었다. 각자에게 임명장을 수여하고, 기념사진도 찍었다. 신규 공무원들의 표정이 매우 밝아 덩달아 나도 24년 전의 기억들이 떠올랐다. 3년간 모든 것을 제쳐 두고 공부에만 집중하여 행정고시에 합격하고, 연수원에 입학하던 첫날 공직자로서의 다짐과 자세를 선서문의 형태로 읽었던 것 같다. 누구에게나 직장 생활을 시작하는 그 첫날의 기억이 소중하게 남아 있을 것이다. 오늘 임명장을 받는 직원들에게도 기억에 남는 첫날이 되길 바란다.

임명장 수여식과 기념촬영을 마치고 간담회 시간을 가졌다. 고용노동부 울산지청에서 첫 직장 생활을 시작하면서 기관장인 나를 만나게 되었으니 신규 공무원들에게 의미가 있는 얘기라도 전해 주어야 한다는 의무감도 가졌다. 공직 생활을 하면서 가져야 할 자세 등에 대해 여러 경로를 통해 많은 얘기를 들었겠지만, 직장의 상사이자 선배인 내가 전해 줄 수 있는 말이 조금이나마 도움이 되었으면 하는 바람도 있었다. 내가 간담회에서 신규 공무원으로 임명받은 이들에게 얘기한 당부의 말씀을 아래에 적어본다.

공직 생활을 시작하는 여러분께 축하의 말씀을 먼저 전합니다. 어렵고 힘든 공부와 시험을 거쳐 이 자리까지 오신 여러분이 자랑스럽기도 합니다. 오늘 첫 출근길에 어떤 생각들을 하였나요? 설렘 속에서 많은 각오들을 하였을 거라 생각됩니다. 여러분들의 표정 속에서 그 엄숙함과 진지함이 느껴집니다.

여러분은 먼저 공직자가 되었다는 기쁨을 맘껏 느끼시기 바랍니다. 국가로부터 위임받은 업무를 국가의 이름으로 수행하게 되는 뜻깊은 직장입니다. 그리고 여러분의 첫 출근길을 바라보는 부모님의 마음도 매우 흐뭇하셨을 겁니다. 취업이 어려운 시기에 공직자로 취업하신 것은 부모님께도 크게 효도하신 일입니다.

오늘부터 공직자의 삶과 직장 생활을 시작하는 여러분께 드리고 싶은 말을 간략히 드리고자 합니다. 첫째는, '내가 원하는 곳이 아니라 나를 필요로 하는 곳으로 가라'라는 얘기입니다. 우리 사회에는 수많은 직업과 역할들이 있습니다. 공직사회에도 마찬가지입니다. 궂은일도 있고 편한 자리도 있습니다. 여러 부처 중에서 고용노동부를 선택하신 여러분은 더 특별한 열정과 각오를 가지고 계시리라 믿습니다. 여러분도 아시듯이 고용노동부는 고된 격무에 시달리는 부처입니다. 모두가 피하고 싶어 하는 부처이지요. 여러분은 여러분을 필요로 하는 부처에 오셨다고 생각하시면 마음이 더 편안해질 수도 있을 것입니다.

둘째, 공직 생활을 통해 성공적인 삶을 살아갈 수 있도록 하기 위해서 '미래일기'를 써보시라고 권하고 싶습니다. 1년 후, 5년 후, 10년 후의 내 모습을 그려가면서 미래를 향한 일기를 글로 적어보시면 좋겠습니다. 글로써 미래의 꿈을 그리고, 그것을 계속해서 마음에 품고 생활한다면 여러분의 행동도 그 꿈을 향해 자연스럽게 변해 갈 것이고, 그런 시간들이 쌓여 가면 여러분은 반드시 여러분의 미래일기에 적혀 있는 꿈을 실현할 수 있을 것입니다.

셋째, 여러분과 같이 생활하게 될 선배와 동료에게 적극적인 자세로 다가가시기 바랍니다. 그리고 선배들로부터 공직 생활에 필요한 것을 많이 배우고 학습하시기 바랍니다. 그 과정에서 작은 것이라도 잘못된 것이 있다면 과감하게 건의하고 개선해 가시는 용기를 가졌으면 좋겠습니다. 큰 것이 아니라 작은 것을 하나하나 개선해 간다면 우리 사회는 더 밝아질 것입니다. '작은 것이 더 아름답다'라는 책도 기억이 납니다.

아무쪼록 여러분의 공직 생활을 환영하고 더 큰 꿈을 품고 날개를 저어 갈 수 있도록 저도 응원하겠습니다. 여러분의 미래를 자랑스럽게 펼쳐 가시기 바랍니다.

2021.02.02. 〈SK이노베이션, 상생기금 전달식〉

오늘은 SK이노베이션에서 개최한 "2021년 협력회사 상생 기금 전달 기념식"을 다녀왔다. 노사와 전 직원들이 뜻을 모아 "월급의 1%를 반납하여 모은 돈으로 상생 기금을 조성하여 협력회사 근로자들을 위해, 그리고 이웃을 위해 활용하는 행사"로 뜻깊은 자리였다. 올해로 벌써 4년째 이어오는 자리였다. 또한, 2년 전부터는 정부에서 지원하는 공동근로복지기금을 조성하여 원·하청 상생의 의미를 실현하고 있다. 이런 뜻깊은 행사에 초청받아 축하의 인사를 하는 기회를 가지게 되었는데, 그 축사를 글로 남겨본다.

고용노동부 울산지청장 김홍섭입니다.

반갑습니다. 오늘은 제가 SK이노베이션 사업장에 세 번째 방문하였습니다.

먼저, 책을 보다가 어디선가 읽은 내용을 공유해 보고자 합니다. 사람의 만남에는 만나는 횟수마다 다 의미를 가지고 있다고 합니다. 첫 번째 만남은 서로를 알게 된다는 겁니다. 서로를 인지하게 되는 거지요. 두 번째 만남에서는 대화를 통해 서로를 이해할 수 있다고 합니다. 세 번째 만남이 되면 어떻게 될까요? 서로를 사랑하게 된다고 합니다. 오늘 제가 세 번째로 여러분을 뵙습니다. 오늘부터 저는 SK와 여기에 계시는 여러분과 사랑에 빠질 듯합니다. 혹시 다음에 다시 뵙게 되면 그때는 네 번째 만남이 되겠지요. 그 만남은 또 어떤 의미를 부여할 수 있을지 기대가 됩니다.

SK이노베이션에서는 최근부터 "행복협의회"를 구성하여 직원 여러분과 협력사 근로자분들의 더 나은 행복을 설계하고 있다고 들었습니다. 제가 생각하는 행복은 "클로버 행복론"입니다. 잘 아시듯이 네잎클로버는 행운의 상징이고, 세잎클로버는 행복을 뜻한다고 합니다. 네 잎의 클로버가 세 잎의 클로버로 변하여야 우리는 행복을 누릴 수 있습니다. 그러면 네잎클로버는 어떻게 해야 세잎클로버가 될까요? 네 잎의 한 잎을 떼어내어야 합니다.

　　여러분들께서 하고 계시는 월급의 1% 반납으로 상생 기금을 조성하여 협력사 근로자분들의 복지와 주위의 이웃에게 좋은 일에 사용하는 모습들이 바로 네잎클로버의 한 잎을 떼어내는 모습이라 생각됩니다. 참으로 소중하고 아름다운 모습이 아닐 수 없습니다. 오늘의 모습처럼 세 잎의 클로버를 항시 생각하시면서 SK와 협력사 여러분 모두가 영원히 영원히 행복을 누렸으면 좋겠습니다.

　　우리가 책을 봅니다. 소설이라는 것은 작가가 꿈꾸는 세상을 그려가는 것입니다. 작가만의 세계를 글로 옮겨가는 것이지요. 작가가 그려놓은 미래를 독자들은 글을 읽으면서 독자만의 또 다른 세상을 그려갑니다. 똑같은 소설의 내용이지만 독자마다 생각하는 세상과 그려가는 미래는 다를 수도 있습니다. 그렇기에 한 권의 책은 무한한 가치를 가진다고 생각합니다.

　　여러분이 지금까지 형성해 온 세상도 아름다운데, 또 다른 미래를 위해서 여러분들은 세상을 그려가고 계십니다. 그 모습을 바라보는 우리도 여러분의 모습을 축하하고 존경하면서 또 다른 세상을 그려갑니다. 많은 분이 여러분의 아름다운 이야기를 더 큰 세계로 그려가는 의미를 담는다면 여러분의 지금 모습이 더 크게 빛나리라 생각됩니다.

　아무쪼록 가장 선두에서 더불어 사는 세상을 만들어 가시고, 원청과 협력회사가 상생과 협력의 모습을 그려가시기에, 저는 무한한 존경의 마음을 표합니다. 앞으로도 모두가 행복 속에서 하루하루 지내시길 진심으로 바랍니다.

감사합니다.

2021.02.15. 〈코로나의 음습〉

설 연휴를 마치고 이른 새벽부터 출근길에 나서 울산으로 내려왔다. 연휴 기간에도 코로나의 지역 확산을 예방하기 위해 방역 수칙을 철저히 지켜달라는 요구들이 주변을 맴돌고 있었다. 고향을 찾는 등 지역으로의 이동이 많고 가족, 친지들과의 밀접한 접촉이 빈번히 야기되는 명절 연휴라 방역에 소홀함이 있을 수 있기 때문이다. 코로나 3차 확산은 기세를 몰아 벌써 몇 개월째 전국의 사람들을 방역 피로로 몰아가고 있다. 조금씩 확산세를 꺾을 수 있는 즈음에 다가왔기에 이번 연휴기간은 무엇보다 경계심이 강화되어야 하는 시기이기도 했다.

울산 사무실에 거의 도착할 시점, 사무실 직원의 코로나 확진 판정 소식을 다른 직원으로부터 전달받았다. 깜짝 놀랐다. 여전히 코로나 감염이 전국적으로 지속되고 있는 가운데, 드디어 우리 사무실 직원에게까지 접근해 온 것이다. 그간 주위에 있는 사람의 코로나 확진 소식은 없었기에 감염 예방 수칙을 준수하며 조심스럽게 활동하는 데 집중했었다. 코로나가 전국을 감염시키고 있지만, 우리는 든든히 코로나의 접근을 막을 수 있을 거라 생각했었다. 막상 코로나가 직원에게까지 옮겨 왔다는 말에 여러 가지 생각이 밀려왔다.

관련 내용을 보고받고 나는 이런 사실을 정확히 정리하여 본부에 보고토록 하였다. 또한 해당 부서를 비롯한 전 직원에게 이 정보를 공유토록 조치하였다. 그리고 그 후속 조치를 어떻게 취할지 주요 간부들과 유선으로 대책을 논의하였다. 멀게만 느껴졌던 언론의 기사들, 거리는 가깝지만 나와 직접적으로 연관성은 떨어졌던 소식들이었는데, 이제는 나의 주변으로, 아니 곁으로 다가온 일이라 당혹스러움과 함께 심각성, 손에 잡히는 방책들을 고민해야 했다. 우리와 우리 주변 모두를 코로나로부터 보호해야 한다는 마음뿐이다.

먼저, 바이러스 감염에 따른 선제적이고 신속한 대응이 우선이다. 방역 당국인 보건소의 지시에 따라 동료 직원들을 밀접접촉자와 단순접촉자로 구분하고, 이들의 감염 여부를 확인하기 위해 진단 검사를 실시하는 것이었다. 그리고 실시된 역학조사 결과와 그 결과에 따른 대응 지침을 받고 이에 따라 조치를 해야 한다. 아니 방역 당국의 지침보다 더 적극적이고 강한 조치를 해야 한다고 결정하고 이를 직원들에게도 지시하였다. 추가적인 확산이 없도록 노력하는 것이 매우 중요하기 때문이다. 사무실 직원들은 마스크를 착용하고 업무를 수행하고, 열화상카메라 등을 통한 발열 체크도 정기적으로 지켜왔으며, 사무실 방역을 위한 소독도 일주일에 2회씩 실시하는 등의 조치를 해 왔지만 그래도 걱정스러운 면이 있었다.

다음은 직원이 양성으로 확진 판정을 받음에 따라 그에 따른 추가적인 감염 여부가 동료 직원들에게 영향(감염 여부에 대한 조사와 자가 격리가 이어진다)을 주므로 사무실의 업무가 정상적으로 수행될 수 있을지가 문제였다. 우리 사무실은 하루에도 천 명이 훌쩍 넘는 민원인들이 실업급여 등의 업무를 위해 방문하기에 민원에 대한 처리가 매우 중요한 일이다. 민원 업무의 정상적 처리에 소홀함이 있어서는 아니 된다.

그리고 코로나 감염 예방을 위한 방역 수칙을 잘 지키고 있는지 다시 점검하는 것이다. 또다시 이런 사례가 발생해서는 안 되기 때문이다. 지금까지 수행해 온 방역 수칙을 재점검하고 조금만 더 모든 직원들이 경각심을 가지고 코로나 감염 예방에 노력해 주어야 한다.

　다행히 추가적인 확진자는 없었다. 민원 업무 처리도 정상적으로 회복이 되었다. 코로나 감염 예방을 위한 방역 수칙을 더욱 철저히 준수해야 한다는 경각심도 가지는 기회였다. 방역 수칙 준수를 위해 모두가 힘든 나날을 보내고 있지만, 잘 이겨내어서 하루빨리 코로나를 극복하고 정상적인 생활로 돌아갈 수 있기를 학수고대한다.

2021.02.16. 〈어느 민원인의 면담〉

사무실 옆 회의장에서 퇴근 시간을 지나서까지 중요한 회의를 마치고 나왔더니 민원인이 나를 만나기 위해 기다리고 있었다. 비서의 보고를 받으니 신분을 밝히지 않으면서 무작정 내가 올 때까지 기다리겠다고 하셨는데, 두 시간 넘게 기다리고 계셨다고 하였다. 무슨 연유인지는 모르겠으나 긴히 요청할 일이 있으리라 생각이 들어 면담을 수락하였다. 고용노동지청에 진정을 제기한 사건과 관련되어 있다는 얘기를 듣고 민원인과 마주 앉았다. 사건을 담당하는 과장님과 감독관도 같이 배석해 주었다.

민원인은 차분하게 많은 이야기를 하나하나 처음부터 풀어놓아 주었다. 근무하는 기관과 그동안 있었던 줄거리들을 시간의 흐름에 따라 서술해 주셨다. 30분 정도 말씀해 주신 이야기의 요지는 근무지에서 불합리하게 직장 내 괴롭힘을 당하였는데, 책임이 있는 기관은 조사를 편파적으로 진행하며 사건을 덮어버리려 한다는 것이었다. 그리고 가해자들은 오히려 승승장구하여 좋은 곳으로 발령을 받아 갔다는 것이다. 이런 억울한 사정이 있어 고용노동지청에 진정서를 접수하였는데, 아직까지 명확한 답이 없어 답답하다며 공정하고 명확하게 조사를 진행해 달라는 것이었다. 세상에 정의와 공정은 어디 갔는지 모르겠다며, 강자(기관 및 상급자)는 자신의 주장을 아무런 설명도 없이 무시하여 약자인 근로자들만 피해를 보고 있다며 눈물을 글썽거렸다.

말씀하시는 내용과 뜻을 충분히 이해하였다고 말하고, 제기해 준

진정서 사건을 면밀하고 철저하게 조사해 보겠다는 약속하고 30분 이상 진행된 면담을 마무리하였다. 이렇게 찾아와 기관장인 나를 만나 억울함을 호소하겠다고 2시간이나 넘게 기다리신 그 심정을 헤아릴 수 있었다. 나에게 찾아와 주시고, 사전에 면담 약속을 하지 않았지만, 지청장을 만나겠다는 마음 하나로 끝까지 기다리고 계셨던 모습이 나에게 많은 것을 느끼게 해주었다. 이런 사정에 처해 있는 분들이 많이 계시리라는 것도 익히 추측할 수 있었다.

직장 생활과 사회생활을 함에 있어서 본의 아니게 남들로부터 피해를 보거나 불합리하게 억울한 일을 당하는 경우가 많이 있다. 그런 부분들을 정의의 지팡이로 명확히 시시비비를 가리고 처리해 준다면 얼마나 좋을까? 직장 생활에서 발생되는 근로자 권익의 침해가 발생할 경우 이를 해결하는 그런 역할을 제대로 수행하는 것이 고용노동지청의 존재 이유다. 국가가 운영하고 있는 다양한 법률은 다양한 이해관계와 갈등을 조정하고 해결하는 마지막 보루인 것이다.

어떤 경우이든 갈등의 양상에는 이해관계자들이 얽혀 있다. 상호 간의 주장이 다른 경우가 대다수다. 사건을 바라보는 생각과 관점의 차이도 분명히 있다. 다만, 사건이 발생된 사실관계는 명확히 있을 것이다. 그런데 그 사실관계도 서로의 주장이 다르면 확인하기가 쉽지 않다. 그래서 우리는 항상 사실관계를 우선적으로 명백히 밝혀야 한다. 즉, 팩트 체크를 정확히 해야 하는 것이다. 이를 위해 필요한 것이 조사 및 수사의 기법이다. 사실관계를 명확히 밝혀낸다면 그 이후는 법률의 기준대로 적용하면 된다.

간혹 갈등 사건의 처리가 정치적 목적이나 허술한 초동 수사로 불합리하게, 불법적으로 처리되어 여론의 지탄을 받는 사례가 언론

을 통해 보도되는 것을 보면 참으로 답답하기도 하다. 사건 당사자
는 얼마나 참담한 심정일까? 하는 비통함도 느낀다. 사회정의를 바
로 세운다는 것은 엄청나게 대단한 제도와 법을 마련하고 중요 사
건을 정확히 처리하는 것도 있지만, 소소한 사건을 바로잡아 가는
것도 매우 중요하다. 그리고 사건 처리 결과를 소상하게 이해관계자
에게 알려서 오해와 억측이 없도록 하는 사후 작업도 반드시 뒤따
라야 한다.

　오늘은 늦은 시간까지 억울한 사연을 접하였다. 하루를 마감하는
마음이 무겁다. 나에게, 우리 지청에 주어진 그 임무와 역할을 잘
수행하고 있는지 자문해 본 하루다.

2021.02.22. 〈조선업체 사장님들과 면담〉

오늘은 현대중공업 사내 협력회사 사장님 5명이 나를 찾아왔다. 그 연유는 2.5. 중대재해가 발생한 이후 고용노동부 울산지청의 작업중지명령으로 일을 못 하고 있어 근로자 등에게 여러 가지 애로가 있으므로 이 점을 감안하여 작업중지명령을 조속히 해제해 주면 좋겠다는 것이었다. 중대재해로 심려를 끼쳐 죄송하고, 같은 공간에서 일하는 협력회사도 책임을 통감하며 산업안전에 대해 모든 조치와 의식을 다시 한번 제고함으로써 산업재해가 발생하지 않도록 최선의 노력을 하겠다는 다짐도 함께 해주셨다.

이에 대해 나의 답변을 요약하면, 협력회사 사장님들의 고충(사망사고 인한 작업중지명령으로 전체 공정에서 일을 못하는 상황이 옴에 따라 모든 협력회사에 피해를 주고 있고, 근로자들도 일을 못 함에 따라 경제적 어려움이 가중되고 있음)을 충분히 이해하나, 안전조치가 다른 무엇보다도 우선한다는 것이다. 사람의 생명만큼 중요한 가치가 어디에 있겠는가? 원청과 협력회사가 대동단결하여 안전조치를 면밀하고 정확하게, 그리고 신속하게 해야 한다는 것을 재차 강조하였다.

내가 협력회사 사장님들께 전해 준 말씀을 아래와 같이 기록한다.

바쁘신 와중에도 찾아주셔서 반갑고,
오늘의 만남이 안전에 대해 다시 한번 각오를 다지는 기회가 되었으면 좋겠습니다.

어떤 사안이든 바라보는 관점에 따라서, 이해관계에 따라서 견해의 차이가 충분히 있을 수 있다고 봅니다. 여러분들은 노동지청의 작업중지명령으로 모든 공정의 작업이 이루어지지 못하는 결과를 초래하여 막심한 피해를 보고 있으니, 이런 점들을 잘 헤아려 작업중지를 조속히 해결해 주면 좋겠다고 말씀하고 계십니다. 또한 작업장의 안전을 위해서도 보다 더 강도높게 조치를 하겠다고 결의를 다져주고 계십니다.

그러나 산업현장의 안전 조치는 무엇과도 바꿀 수 없는 중요한 가치입니다. 그것은 근로자의 생명과 건강이 관련되어 있기 때문입니다. 중대재해가 또다시 발생하여 비통한 마음을 금할 수 없습니다. 20년에도 중대재해가 지속적으로 발생하여 많은 조치를 하였고, 어려움을 겪었습니다. 그 당시 회사와 협력회사는 원대한 개선계획을 수립하고 안전을 최우선으로 하겠다는 결의도 다진 바가 있습니다. 그 이후 안전을 위한 조치에 있어서 무엇이 얼마나 달라졌는지 자신 있게 말씀하실 수 있나요?

저는 현대중공업과 협력회사 여러분들이 다 함께 지혜를 모아서 다시 한번 산업현장의 안전을 위한 완벽한 조치를 신속 정확하게 해주시는 모습이 우선이라 생각합니다. 그런 모습을 기다려 왔습니다. 그러나 아쉽지만 현재는 잘 보이지 않습니다. 지금부터라도 원청과 긴밀히 협력하시어 안전조치에 완벽을 추구하는 모습을 보여 주시고, 결과를 만들어 주십시오.

중대재해가 발생한 이후 저는 어떻게 해야 현대중공업의 재해를 막을 수 있을까 고민해 보았습니다. 그러던 중 정주영 선대 회장님의 자서전을 읽어보게 되었습니다. 1972년 지금의 자리에 현대조선소를 짓고 사업을 시작한 지 벌써 50년이 지나가는 시점입니다. 어렵게 조선소를 만들어 오늘의 세계 최고 조선소로 발전시켜 주셨고, 대한민국의 근대화와 산업화에도 큰 기여를 해 오셨습니다. 이 모든 것이 다 현대중공업을 이끌어 온 경영자와 근로자, 협력회사 여러분들의 노고 때문이라 생각됩니다. 좋은 중장비를 갖추고 있고, 기술력도 세계 최고입니다. 얼마나 자랑스러운 일입니까?

이렇게 세계 최고의 산업현장에 왜 중대재해는 계속 일어날까요? 산업안전에 있어서는 왜 최고가 되지 못할까요? 선대 회장님은 조선소를 짓고 중대재해가 빈발하자 이렇게 지시하셨더군요. "너희 가족을 데려다 일을 시키는 마음으로 안전조치를 하라." 기술력도 낮았고, 좋은 중장비도 없는 시절에, 안전에 대한 인식이 아직 미흡했던 시절임에도 불구하고, 선대 회장님은 산업안전을 위한 최고의 정답을 주셨다고 생각됩니다. 이를 고민해 보시기 바랍니다.

2021.02.25. 〈직원들과 새해 업무 토론회〉

　오늘은 사무실에서 직원들과 업무 토론회를 가졌다. 각 부서별로 중점 추진과제가 무엇인지를 선정하고 어떻게 업무를 추진하여야 효율성도 추구하면서 성과를 잘 도출할 수 있을지를 자유롭게 논의하는 자리였다. 많은 일이 산적해 있고, 지속적으로 찾아오는 민원 대응에 바쁘게 하루하루를 보내고 있지만, 업무의 진행 상황을 되돌아보고 부족한 것은 무엇인지, 어떤 방법으로 어느 과제에 집중할 것인지를 짚어보는 것이 매우 중요하다는 판단에 따라 마련된 자리였다.

　직원들은 주어진 업무를 중심으로 매우 충실하게 일하고 있다. 조금 부족해 보이는 부분은 넓은 시각에서 접근하지 못한다는 것이다. 아울러 특정 사안에 대해 깊이 있게 접근하여 해결책을 찾아가는 데 한계가 있다는 점도 아쉽다. 이러한 부분에 대해 서로 토론으로 찾아보고, 슬기로운 방안을 고민해 가는 노력이 필요하다. 이런 관점에서 논의를 진행하였다. 그리고 기관장으로서 내가 가지고 있는 고민과 깊이가 있는 정보를 공유해 주었다. 업무 추진에 있어 정보 공유와 함께 심리적 공감도 매우 중요하므로 논의의 자리가 종종 필요함도 느낄 수 있었다.

　하루 종일 부서별로 진행된 1~2시간의 논의 과정에서 직원들에게 던진 나의 고민과 생각, 내가 가지고 있는 정보와 대안을 몇 가지 적어보고자 한다.

　먼저, 조직 관리적 측면에서 "직원들의 사기 진작 방안"을 고민해야 한다는 것이다. 지난해부터 시작된 코로나19 여파로 고용노동지청에 부여된 고용유지 지원 등의 일들이 너무 많아 직원들의 피로도가 극에 달하고 있다. 금년도에도 코로나19의 확산세가 지속되면서 여전히 업무적 부담이 매우 심하다. 지치고 힘들어하는 직원들을 바라보면서 기관장으로서 항시 마음이 무겁고 아프다. 힘들고 지쳐도 내색하지 않고 묵묵히 일해 주는 직원들이 고마울 뿐이다. 이런 상황에서 지금부터라도 직원들에게 조금이나마 위안이 되고 힘이 될 수 있는 좋은 방법이 없을지 고민스럽다. 지금은 직원들의 생일에 조그마한 선물과 함께 마음을 담은 기관장의 손 편지를 보내주고 있다. 이것만으로는 턱없이 부족하다.

다음은 노사관계 지원을 통한 사업장의 노사 간 갈등 해결 노력이 보다 전략적으로 접근되어야 한다는 것이다. 서로 다른 이해관계 속에서 권리 다툼이 발생하는 문제이므로 양 당사자의 의견을 충분히 파악해야 하고, 서로가 가지는 이면적인 생각들을 깊이 있게 알 수 있도록 노력해야 한다. 동일한 사안에 대해, 동일한 과제에 대해서 노사는 접근 관점이 다르고, 해당 사안의 배경을 이해하는 마음도 다르기 때문에 문제가 복잡하게 흘러가기도 한다. 이에 대한 이해가 토대로 마련되어야 고용노동지청 감독관들이 문제 해결을 지도하고 지원도 할 수 있다. 그렇게 하기 위해서는 근로감독관이 노사와 자주 만나고 양측의 의견을 충분히 들어 분석하는 과정이 필요하다. 노사가 공통된 문제 인식을 가지도록 하는 것이 우선이다. 그래야만 해결책 마련으로 나아갈 수 있다. 그리고 노사관계법에 따라 법 위반이 사전에 방지될 수 있도록 지도하는 과정도 있어야 한다.

지역의 고용과 노사관계, 근로감독을 하는 지청으로서 대외적인 관계 설정도 매우 잘 이루어져야 한다. 지방정부, 유관기관 등과 업무를 유기적으로 수행해야 하기에 상호 간의 역할 분담과 협력적 관계 형성이 필요하다. 지역의 일자리 문제와 관련하여 지방정부의 관심이 매우 높고, 다양한 사업을 추진하고 있으므로 고용노동부의 일자리 정책과 유기적으로 진행되어야 한다. 고용 문제를 위한 중앙정부 예산의 대부분이 고용노동부에서 책정되고, 지방정부를 상대로 일자리 사업에 대한 공모를 거쳐 지자체에 예산이 배분되므로 지역에 맞는 좋은 사업들이 발굴되고, 효율적으로 집행될 수 있도록 각별히 지원하여야 한다.

코로나로 인한 경기침체로 가장 타격을 많이 받는 것이 일자리 문제이다. 고용유지를 위해 모든 행정력을 동원하여 지원하고 있지만 불가피하게 실업을 겪는 경우도 많이 발생하여 안타까울 뿐이다. 울산에서도 시와 노동계, 경영계, 고용노동지청 등 정부 기관이 협심하여 지역 일자리 지키기에 많은 노력을 하고 있다. 그럼에도 불구하고 21년 1월에 실업급여를 신규로 신청한 건수는 8천 건을 넘어서 20년 1월에 비해 2배에 가깝다. 코로나로 인해 실직의 아픔을 겪고 있는 분들에게 일자리 기회를 빨리 찾아주어야 한다는 의무감을 느끼며, 어떤 방안이 있을지 고민이 깊어지고 있다.

2021.03.02. 〈모처럼의 휴가〉

오늘은 모처럼 하루 휴가를 내고 쉬었다. 토요일, 일요일을 지나 삼일절이 월요일이어서 휴식의 기간이 길었다. 샐러리맨들이 모두 그렇듯이, 업무에서 조금 벗어나 오랜만에 가져보는 편안한 마음의 시간이었다.

오늘 서울의 아침은 눈으로 살짝 덮였다. 밤사이 눈이 내렸는지 나뭇가지 위에 눈이 쌓여 있었고, 조금씩 녹아내리는 중이어서 물방울이 아래로 뚝뚝 떨어졌다. 여유로운 아침을 맞아 걸어서 남산을 올라갔다. 남산도서관 뒤로 돌계단이 놓여 있는 코스를 밟았다.

오늘 내린 눈이 21년 봄을 맞이하는 선물인 듯하다. 새하얀 눈이 초록의 소나무와 어우러져 장관을 연출하고 있었다. 눈이 내려앉아 소나무가 더 위엄을 가지는 걸까? 소나무 위에 내려앉은 눈이 더 하얗게 보이는 걸까? 눈과 소나무의 조화가 새롭게 느껴진다.

눈이 덮여 있는 남산의 소나무

남산의 정상은 서울에서 가장 높은 곳이다. 그래서 역사 속에서도 군사적으로 요충지였나 보다. 남산에 올라서면 놓칠 수 없는 풍경이 시내 조망이다. 특히 날이 맑은 날은 서울의 가장 끝자리까지 눈에 들어온다. 눈이 내리고 난 오늘 아침, 그 시야가 맑기만 하였다. 내리던 눈이 서울 하늘의 모든 먼지와 불순물을 다 가져갔나 보다. 이런 축복의 조망을 시야에 담는 것도 드문 일이다. 카메라에 담은 풍경이 환상적이었다.

더없이 맑은 서울 시내 조망을 보니 답답했던 가슴도 뻥 뚫린 듯하다. 우리의 일상도 이처럼 확 뚫렸으면 좋겠다. 수많은 고민과 부담을 안고 사는 서울 시민들 마음속에도 밤새 눈이 내려 씻어주었으면 좋겠다.

남산에서 바라본 시내 조망

2021.03.22. 〈봄은 언제 오려나〉

바야흐로, 달력상의 시간은 3월의 하순인데 여전히 차가운 바람이 불어온다. 여기저기 목련과 개나리가 피어나는 걸 보면 봄이 왔다는 생각이 드는데, 날씨는 그렇게 화창하지 못하다. 때로는 구름이 짙어져 비가 내렸다가 다시 기온이 내려가고, 때로는 미세먼지로 인해 뿌연 창공을 보며 고생하는 날들이 이어지다 보니 봄의 따스함을 마음껏 느끼지 못한다.

조만간 가벼운 옷차림으로 봄의 따스한 여운을 즐길 수 있는 날이 오리라 믿는다. 그때가 되면 개나리가 만발하고, 목련나무 아래에서 떨어지는 목련 꽃잎을 바라볼 수 있으리라. 조금만 더 지나면 울산대공원 울타리에 피어나는 장미도 그 자태를 살며시 드러내겠지? 작년 4월 말 울산에 내려와 처음으로 보았던 울산의 장미가 올해에는 어떤 모습으로 다가올까? 기다려지는 순간이다.

울산에서 근무한 생활도 이제 11개월이 다 되었다. 4월이 지나면 꼭 1년이 된다. 울산으로 내려오면서 '기본으로 1년은 울산에서 생활하게 되겠지'라고 생각했었다. 어느덧 그 시간이 1년을 가득 채워가는 시절에 접어들었다. 요즘은 가끔 "언제까지 내가 울산에서 지낼 수 있을까" 하고 스스로 자문해 보곤 한다. 돌이켜 보니 시간이 엄청 빠르게 지나갔다. 여름, 가을, 겨울 지나 다시 봄이 되었다. 나에게 울산의 정겨움은 언제까지 허락될까?

직장 생활을 하면서 객지 근무를 하는 기회가 종종 있다. 낯선 곳에서 첫 시작은 힘들지만, 시간이 지날수록 지역의 느낌에 익숙해지면서 떠날 날이 다가오면 왠지 서글퍼지기도 한다. 그럴 때면 객지에서의 하루하루가 더 소중하게 다가온다. 그동안 느끼지 못했던 정겨움을 더 갖고 싶고, 아쉽게 가보지 못한 곳도 생각이 난다. 지역의 모든 것을 더 잘 알고 싶은 마음에서, 혹시 지역을 떠나 있더라도 언젠가 다시 그리워질 순간을 더 풍족하게 채워보고 싶어서이다. 그곳에서만 알 수 있고, 가질 수 있는 것이 있기 때문이다.

조금씩 이별을 준비해야 하는 시간인가? 마음 한구석이 자꾸만 공허해져 간다.

2021.03.25. 〈울산 비상경제대책회의〉

오늘은 울산시장 주관으로 "울산시 비상경제대책회의"가 개최되었다. 울산시장님을 비롯하여 울산시의회 의장, 유관기관 기관장, 기초지자체의 장, 노동계 및 경영계 대표 등이 모두 참석하여 비상경제상황의 대책을 논의하는 자리이다. 작년부터 지역 경제는 코로나19의 팬데믹에 사로잡혀 겨우 명맥만 유지하는 상황이다. 경제가 위축되면서 고용도 위기 상황에 직면해 왔다.

이런 시대적 여건 속에서 작년 울산시 비상경제대책회의에서는 "일자리 지키기 협약"을 체결하고, 지역 기업의 고용유지 노력을 정부의 고용유지지원금과 울산시의 경영자금 대출, 4대 보험료 지원 등을 통해 촉진시켰다. 그 결과로 고용유지에 참여한 기업의 수는 금년 3월까지 300개를 넘어섰고, 15천 명의 근로자가 고용을 유지할 수 있는 성과를 만들었다. 울산고용노동지청도 2천여개가 넘는 기업에게 고용유지지원금을 작년 1년간 약 250억 원을 지원한 바 있다. 이처럼 20년은 고용위기 상황에 직면하여 일자리 지키기에 전념한 한 해였다.

일자리 지키기를 위한 시와 고용노동지청의 공동 노력에도 불구하고, 경영 사정 등으로 불가피하게 실직의 아픔을 겪는 근로자도 있었다. 21년 1월, 고용노동지청에 실업급여를 신규로 신청한 수를 통계로 산출해 보니 매우 충격적인 결과가 나왔다. 울산지역에서만 21년 1월의 신규 실업급여 신청자 수는 약 8천여 명으로 20년 1월(4천5백여 명)에 비해 급격히 증가한 것이다. 이 상황은 고용보험이 시작된 이후 25년 역사상 최고의 실업급여 신청 통계이다. 코로나로 인한 고용위기 여파가 엄청난 실업자 수로 나타난 것이다.

이런 상황에서 나는 울산시 비상경제대책회의에서 실업 상황의 심각성을 제시하며, 21년도에는 일자리 창출에 더 큰 노력을 기울여야 한다고 제안하였다. 20년의 일자리 지키기 성과를 토대로 21년에는 일자리 창출의 해가 되어야 하므로, 비상경제대책회의에 참석한 주체들이 공동 노력을 해야 할 상황임을 설명하였다. 일자리 창출의 구체적인 방안으로는 "1사1인(이상) 채용" 프로젝트를 제시했다. 이를 울산지역이 산업도시로서 타 지역보다 선제적으로 추진한다면, 울산지역에서 1만 2천 명 이상의 일자리를 창출하는 성과를 도출할 수 있다고 강조하였다.(상세 내용은 첨부)

이 제안에 대해 뜨거운 토론이 전개되었다. 지금의 경제 여건이 비상 상황이고, 고용의 위기도 심각한 수준임을 인식하고 경영 여건이 되는 기업부터 실업자를 채용하는 분위기를 만들어 가자고 동의하기도 하였다. 아울러, 지금 노동시장의 제도적 변화(주 52시간제 적용 등)와 코로나 여파로 기업의 경영이 매우 어려운 시기가 지속되고 있으므로 너무 성급한 제안이라며 반대하기도 하였다. 지역의 중소기업은 일할 사람을 채용하고 싶어도 일하겠다는 사람이 없다며 현실적 문제점을 지적하기도 하였다. 이런 현상은 일하지 않아도 지원금을 지급하는 정부의 복지 및 실업급여 등의 제도 때문이라고 하소연하기도 하였다. 다양한 의견 속에서 논의가 진행되었지만 일자리 창출을 위한 촉진제가 될 "1사1인(이상) 채용" 프로젝트를 비상경제대책회의에서 의결하기까지는 이르지 못하였다. 지역 일자리 창출을 위해 정부가 마련하여 시행하고 있는 기업 지원 내용 등을 보다 체계적으로 정리하여 다시 다음 회의에서 논의하는 것으로 마무리되었다.

우리의 노동시장에는 많은 구조적인 문제점도 있다. 특히 중소기업의 인력 미스매치 현상은 장기화되었다. 중소기업은 근로 여건이 열악하다 보니 일할 사람을 구할 수 없다고 하소연하는 목소리가 매우 높다. 최근에는 주 근로 시간이 52시간으로 제한되면서 중소기업과 중소기업 근로자들이 불만의 소리도 높다. 이런 장기화되고 구조화되어 있는 노동시장의 문제를 해결하기 위한 노력도 매우 중요하고 절실하다.

코로나로 인한 실업 문제가 전국적으로 매우 심각하다. 울산지역도 역사상 최고의 실업급여 신규 신청 기록을 세웠다. 이러한 비상적인 경제 상황과 고용위기에 직면하여 지역 차원에서의 일자리 창출 노력에 노사정을 비롯한 경제주체들이 마음을 열고 좋은 혜안을 발휘해 주길 기대한다.

울산 일자리 창출을 위한 1社1人[이상] 채용 추진

1. 추진 배경[일자리 현황]

○ 울산은 전국 17개 시도 중 **고용률 최하위**(지난 5년 연속), **제조업 일자리 지키기와 성장산업 일자리 창출** 노력 필요

○ 코로나19 팬데믹 장기화로 울산지역 **실업자 급증**(21.1월 실업급여 신청자 수가 전년 동기 대비 약 2배 증가)

⇒ 지역 산업 지속 성장, 시민 행복 증진을 위해 **고용복지 실현** 필요

2. 일자리 창출 추진 방향[노사정 협력 토대]

○ 경기 침체로 경영상황이 어려움이 있으나 지역 주민의 일자리 창출을 위해 기업의 추가 고용 노력 추진 ⇒ **1사1인 이상 채용*** 협조

 *(예)기업규모별 차등 – 100인 이하 1명, 300인 이하 2명, 300인 이상 3명 이상

○ **지역 경제 활성화를 위한 노사 상생·협력, 정부의 행·재정적 지원**

3. 일자리 창출의 구체적 역할 및 과제

 *(추진 기간) 21.4월~6월〈상반기에 집중〉 – 고용상황이 매우 어려운 상황임을 고려

○ **(노동계)** 기업 경영 위기 극복과 지역 경제 활성화를 위해 협조

- 근로자 고용안정 및 일자리 창출을 최우선 과제로 제시

○ **(경영계)** 지역 경제 활성화와 기업의 일자리 창출 분위기 조성

- 각 회원사를 대상으로 일자리 창줄 계획 접수, 실적 모니터링

 * (울산고용노동지청) 안내 공문 발송, 전체적 일자리 창출 실적 취합 및 관리

○ **(정부)** 일자리 창출 기업에 행·재정적 지원, 취업지원서비스 제공

- (울산시) 일자리 지키기 등을 통한 지원 지속, 공공일자리 창출

- (고용노동지청) 구인·구직 만남의 날 지원, 고용장려금 지급
- (중소벤처기업청) 경영자금 및 창업지원

4. 일자리 창출 효과(전망): 12,226명

고용보험 데이터, 21.2월

기업 규모	사업체 수	일자리 창출 수	비고
5~100인 이하	11,220	11,220	1사1인
100~300인 이하	350	700	1사2인
300인 이상	102	306	1사3인

2021.04.12. 〈인사이동을 통보받았다〉

이제는 울산에서의 생활을 마무리해야 한다. 4월 19일부터는 새로운 임무를 맡아 새로운 조직으로 이동해야 하기 때문이다. 확정된 인사이동의 내용을 조직으로부터 통보받았다. 어느 조직이든지 떠나는 순간은 매우 짧다. 그래서 떠남이 더 쓸쓸한지도 모른다.

그러고 보니 울산에서의 생활도 이제 5일 정도의 시간만 남았다. 1개월 전부터 인사이동이 있을지 모른다는 귀띔을 들었었기에 새로운 것도 없지만 막상 확정 통보를 받고 보니 마음이 허전하고 아련해진다. 그간 1년 가까이 함께해 오던 공간이 익숙해져서일까? 떠나야 한다는 마음에 서글픔이 묻어 나온다.

그래도 이 순간이 온다는 것을 알고, 조금씩 마음을 정리해 왔고, 꼭 한번은 가보고 싶었던 곳과 꼭 한번이라도 더 만나고 싶었던 사람과의 시간을 남몰래, 상대가 의식하지 못하게 가져 왔다. 어쩌면 떠나야 하는 자의 예의를 지키기 위한 것이었는지도 모르겠다.

하루의 대부분을 보내던 공간이기에 친근하고 익숙했던 사무실도 더 새롭게 느껴진다. 일터를 떠나 휴식처였던 관사도 조금씩 정리해야 할 공간으로 다가온다. 관사에서 늘 바라보던 울산대공원의 평온한 모습도 오늘따라 더 적막하고 조용해 보인다. 늘 함께해 오던 느낌이 미련으로 남아서일까? 밀려드는 착찹한 마음을 지울 수 없다. 그래도 1년이라는 세월 동안 나와 동고동락하던 곳이기에 고마움도 잊을 수 없다.

내일부터는 정리의 시간으로 채워질 것이다. 이별을 앞에 두고 이루어지는 정들었던 사람과의 소소한 식사도, 익숙했던 장소나 공간과의 재회도, 부딪치는 한잔의 술잔도 소록소록 새로운 기억으로 남길 바란다.

글을 마무리하며…

　고용노동부　울산지청장으로서의　생활을　기록으로　남겨보겠다는 처음의　약속을　이렇게라도　지킬　수　있어서　감사할　따름이다.　얼마가 될지　예측할　수　없는　시간들이었지만　대략　1년은　채웠다는　것에　안 도의　마음을　가진다.　처음　울산으로　내려왔던　날이　20.4.29일이었다. 완연한　봄　날씨에　울산에서만　느낄　수　있는　향기가　있었다.　무엇이 라고　정확히　말할　수는　없었지만　그　첫　느낌을　간직했기에　지금까 지　잘　지낼　수　있었다는　생각도　해본다.

　나에게　가장　매력적이었던　것은　만발한　장미꽃　덩굴이었다.　울산 대공원의　울타리를　장식하고　있던　진한　붉은색으로　물들었던　장미 꽃,　낯설어하던　나를　처음으로　반겨주었던　주인공이었다.　울산에서 의　내　생활도　장미꽃처럼　열정을　담았으면　좋겠다는　바람도　투영시 킬　수　있었다.　객지에　온　서울　손님인　나를　아름다운　장미꽃이　반겨 주었으므로,　울산에서　고용노동　문제를　책임지는　나도　울산지역의 노동자,　경영자,　시민들에게　장미꽃처럼　열정과　사랑으로　다가갈　수 있었으면,　장미꽃　향기를　전해　줄　수　있는　사람이　되었으면　하는　목 표를　품었었다.　그　마음을　얼마나　잘　이루었는지는　알　수　없지만, 지난　1년간　끊임없는　고민과　노력의　시간들이었다는　것만은　확신할 수 있다.

울산에서 많은 분들과 교감을 나누었다. 때로는 나의 스승이 되어 주었고, 가끔은 술잔을 기울이며 친구처럼 편한 사이가 되었고, 공식적인 회의와 긴장된 업무관계에서는 나의 좋은 파트너이자 협력자였다. 모두에게 감사하였음을 이 지면을 통해서라도 전하고 싶다. 그간의 만남과 교류의 시간들이 우리에게 오래 기억될 추억으로 간직되었으면 좋겠다.

울산은 대한민국 경제의 중추가 되는 산업도시이면서, 노동운동의 본거지와 중심이 되었던 노동자의 도시이다. 그렇기에 노사관계에서 갈등의 문제가 첨예화되기도 하였고, 사망사고 등 중대재해도 끊이지 않는다. 울산지청장으로 재임한 동안에도 많은 갈등과 사고가 있었다. 그때마다 슬기로운 해결책을 찾기 위해 고민하는 시간들이 떠오른다. 모든 일들과 고민을 다 글로 기록하지는 못하였지만, 나의 머릿속에는 오래도록 남아 있을 것이다.

울산을 알아가면서, 울산을 느껴가면서 즐겁고 행복했던 순간들도 많았다. 동해의 시원한 파도 소리도 귀에 담았고, 역사 속에 기록되어 있는 울산지역의 위대함도 알게 되었고, 자연이 주는 평화로움과 안식도 느꼈다. 제일 좋았던 것은 울산 사람들의 넘치는 인정과 푸근함이었다. 넉넉한 웃음, 화끈한 술잔, 따스한 손길, 울산에 내려온 손님에 대한 배려가 나의 발길을 사로잡기도 하였다. 떠나야 하는 내 마음을 울컥하게 하는 것도 다 이유가 있음을 지금 이 순간도 느낀다.

아쉬움을 뒤로하고 떠나야 한다는 소식에 "이렇게 일찍 가십니까? 정이 들어서 너무나 좋았는데, 벌써 가신다니 세상이 무심합니다",

"최소한 2년은 계셔야지, 1년 만에 가신다니 너무 서운합니다. 일하면서도, 인간적으로 지내면서도 너무나 좋았었는데…", "가신다니 아쉬움이 너무나 남습니다. 어쩔 수 없이 가시지만 어디를 가시더라도 우리를 기억해 주세요"라며 좋은 말씀을 해주셔서 감사합니다. 떠나는 제 발걸음도 너무나 무겁네요. 더 잘 보답해 드리지 못한 미안함에, 공감의 시간을 더 오래도록 나눌 수 없는 아쉬움에 현실만 탓해봅니다. 짧았던 시간이지만 울산과의 인연, 여러분과의 추억을 소중히 오래오래 간직하겠습니다.

감사합니다. 울산을, 울산에 계신 여러분을 사랑하고 싶습니다.

2021.04.18.

울산을 떠나며…

김홍섭

우리가 모두의 행복을 꿈꾸며 내일을 열어가는 시대,
그 순간마다 필요한 것이 무엇일지 고민해 보면,
국가적으로는 안보(安保, security)가 보장되어야 하고
사회적으로는 안정(安定. stability)이 이루어져야 하며
개인적으로는 안전(安全, safety)이 확보되어야 한다.
이런 3安(3S)를 위해 노력하는 모습들을 항시 생각하며
2020-2021년 고용노동부 울산지청장으로의 1년 생활에서 가졌던
시간과 기억과 가르침을 일기로 기술하여 책으로 출간하게 되었다.
이전 저서로는 "비정상에서 정상으로 가는 길(2011)"이 있다.

옥동 일기

초판인쇄   2021년 9월 24일
초판발행   2021년 9월 24일

지은이   김홍섭
펴낸이   채종준
펴낸곳   한국학술정보㈜
주   소   경기도 파주시 회동길 230(문발동)
전   화   031) 908-3181(대표)
팩   스   031) 908-3189
홈페이지   http://ebook.kstudy.com
E-mail   출판사업부 publish@kstudy.com
등   록   제일산-115호(2000. 6. 19)

ISBN   979-11-6801-148-9 03350